退役军人职业选择与发展丛书

U0749404

退役军人
职业进阶

杭州市退役军人事务局　杭州市西湖区退役军人事务局
杭州市钱塘区退役军人事务局　/主编

倪科卿 / 编著

浙江工商大学出版社
ZHEJIANG GONGSHANG UNIVERSITY PRESS
·杭州·

图书在版编目(CIP)数据

退役军人职业进阶 / 倪科卿编著. —杭州:浙江
工商大学出版社,2022.12
ISBN 978-7-5178-5309-1

Ⅰ. ①退… Ⅱ. ①倪… Ⅲ. ①退役—军人—职业选择
—中国 Ⅳ. ①E263

中国版本图书馆 CIP 数据核字(2022)第247321号

退役军人职业进阶
TUIYI JUNREN ZHIYE JINJIE

倪科卿　编著

责任编辑	张莉娅
责任校对	鲁燕青
封面设计	叶泽雯
责任印制	包建辉
出版发行	浙江工商大学出版社
	(杭州市教工路198号　邮政编码310012)
	(E-mail:zjgsupress@163.com)
	(网址:http://www.zjgsupress.com)
	电话:0571-88904980,88831806(传真)
排　　版	杭州朝曦图文设计有限公司
印　　刷	杭州宏雅印刷有限公司
开　　本	787mm×1092mm　1/16
印　　张	10
字　　数	236千
版 印 次	2022年12月第1版　2022年12月第1次印刷
书　　号	ISBN 978-7-5178-5309-1
定　　价	65.00元

退役军人职业选择与发展丛书

主　编　　　杭州市退役军人事务局
　　　　　　杭州市西湖区退役军人事务局
　　　　　　杭州市钱塘区退役军人事务局

编　委　　　倪科卿　　　　　　谢　鑫
　　　　　　张　新　　　　　　陈　超
　　　　　　丛国栋　　　　　　谌曾灵
　　　　　　徐百兴　　　　　　田　敏
　　　　　　孙杨丹

序

党的二十大胜利召开，以习近平同志为核心的党中央，为未来的退役军人的职业发展指明了方向。浙江省退役军人事务厅以及浙江省各级退役军人管理部门，将会借助党的二十大的东风，更加坚决地落实习近平同志的指示精神，为广大退役军人获得更加光明的职业前景做出更大的贡献。

杭州市退役军人事务局、杭州市西湖区退役军人事务局、杭州市钱塘区退役军人事务局在整整3年时间里不忘初心，坚持组织退役军人人才培养和管理研究领域的专家，编写退役军人职业选择与发展丛书。即将付梓的《退役军人职业进阶》，承接已经出版的《退役军人职业起步》和《退役军人职业适应》，为退役军人的职业发展提供了很多宝贵的建议，帮助他们在职业生涯的新阶段，步伐更稳健，成就更卓越。

读完这本书，个人感觉《退役军人职业起步》和《退役军人职业适应》的优点得到了发扬。在理论联系实际、数据结合经验等方面，《退役军人职业进阶》日益成熟扎实，并且结构更加合理，语言更加生动，案例更加贴近退役军人的真实情况。这本书很有希望成为退役军人职业进步的助推器。相信对于很多退役军人而言，读这本书会有这样的亲切感——就像有几位经验丰富、热诚认真的老者，在自己就业、升迁等职业重要节点，及时给出了真诚且适当的建议。至此，退役军人职业选择与发展丛书可谓画上了圆满的句号。

整体来看，这三本书涵盖了退役军人职业生涯的每个重要阶段，将会成为他们职业发展全程的好帮手。退役军人对未来也会有更大的信心和决心，能做到"退伍不褪色、退役不退志、离军不离党"，成为高质量就业的典型和成功创业的先锋，从而创造更加美好的未来。

最后衷心祝愿，有更多的退役军人能从这本书中得到更大的助力，让毕业于军营（毕俊营）的他们，真正取得新的成功（丁新成）！

是为序。

王海涛

浙江省军区原司令员

2022年12月

目 录

Advancing
Occupations
for Veterans

第一章

导　论

引 言

退役五年多了,时光就像毕俊营所在小区西边的河流,舒缓平静地流动着。毕俊营的工作和生活,也像是河上的小船,平稳前行。他已经是公司的班长,每天忙碌地处理着日常工作,不再有刚进公司时对这个职务的向往,现在只期待着孩子的诞生——毕俊营很享受这样的人间烟火。

丁新成的情况也类似,他和毕俊营都胖了一圈,所以经常约在一起健身。

三月的一个周末,毕俊营依旧早起,从阳台的窗户向外看去,小区的红梅凋谢了大半,玉兰花已经迫不及待地盛开了,它们高举着一朵朵洁白的花朵,如同一群毫无烦恼的少男少女,肆无忌惮地享受着春风、蓝天和暖阳,那么茁壮,那么满怀希望。

他的心里,莫名涌起几分惊喜和感动。毕俊营顺手将眼前的景色拍照发给了丁新成。

丁新成也秒回:"你越来越有艺术感了!"

毕俊营回了一个羞涩的表情,又发语音补充了几句:"这些玉兰花,让我想起了当初决定去当兵的时候。玉兰开花嘛,你懂的,就是每个枝头都有花朵,完全是一种竭尽全力的状态。上班路上看到它们开得那么拼命那么热烈,我不禁暗想:如果我就这样顺着父母安排好的路走下去,是不是还不如玉兰花呢?所以我立刻下了决心,要做点不同寻常的事情。"

丁新成沉默了几分钟,回了一个"扎心了老铁"的表情,外加一段文字:"这几年,咱俩确实像是在温泉里泡久了的人,舒服得很,看上去红光满面,但身子酥软没力气了。"

毕俊营觉得这个比喻太形象了,便试探地问:"你打算现在立马穿好衣服干活不?"

丁新成发来视频邀请,毕俊营不假思索地同意了,看到丁新成穿着家居服,估计马上还要带娃,便直截了当地说:"老兄肯定有想法了吧?!"

丁新成点点头,小声地说道:"我还没和你嫂子商量呢!有个和我们有业务合作的直播机构负责人,前天拉我过去参观,他说起每天的收入,差点没把我吓昏过去!"

毕俊营差点笑出眼泪:"你要当主播?我带头给你刷火箭,吆喝也行——老铁们给榜一点点关注!"

丁新成赶紧示意他小声:"他们老板说人力资源总监现在空缺,问我有没有兴趣,工资、期权什么的加起来,不少呢!"

毕俊营一撇嘴:"到那种小创业公司'肉搏',简直是'在火山口泡澡'啊!这也太刺激了吧!"

丁新成轻轻叹了口气:"我有点动心,有几个原因。首先当然是钱的问题。等你家宝宝出来了,你就知道为什么管孩子叫'四脚吞金兽'和'移动碎钞机'了!"看到毕俊营不以为意的样子,他又补充道:"国家三胎政策公布了,我准备积极行动支持!"见毕俊营目瞪口呆的样子,丁新成不禁呵呵笑了。

毕俊营安静地听丁新成"絮叨":"其次,就算35岁安然度过,45岁时会不会有中年危机呢?父母老了还要我们帮忙,不三天两头进医院就很好了;孩子应该上中学了,叛逆期的人儿能把你折磨得死去活来;单位里也不加薪了,再想升职几乎不可能;新来的大学生,咱也比不上了……"

丁新成留意到毕俊营的眉头皱了起来,便抿了一口茶:"说点正能量的!最后,我也想跑出舒适区,在职场上再上几个台阶。我很想给孩子们做个榜样,还要努力奔跑……"

毕俊营按捺住几乎要跳起来的冲动:"你真的要去那家直播机构?"

丁新成连连摆手来了个否认"三连":"谁说的?没有啦!不会的!我说的再上几个台阶,它有好多含义,包括职务、技能、阅历、财富等等——唉,你怎么比我还激动?"

毕俊营舒了口气,又对着屏幕前的丁新成双手抱拳:"我哪能不激动呀,这真是瞌睡碰上枕头啦!看见这么灿烂的玉兰花,这么美好的春天,我也不忍心辜负生命,咱们一起撸起袖子加油干呗!"

丁新成自然是不会拒绝的:"咱们先理一理方向和思路,下周见面!"

毕俊营应了,他一边哼着"我还是从前那个少年,没有一丝丝改变",一边把自己的手机铃声改成了《少年》。

第一节
职业进阶概述

一、职业进阶的定义

一提到职业进阶,很多退役军人会非常自然地联想到升职加薪。实际上,职业进阶并非这么狭隘,而是一个广义而全面的概念。升职加薪只是结果和表象,真正的进阶是个人职业领域的全面提升,包括心理、技能等。

如果仅仅盯着职务晋升,是典型的捡了芝麻丢了西瓜。升职加薪的好机会未必年年有,但知识、能力、眼界等方面的提升,却是自己能够把握好的,并且很可能时常带来惊喜。

对461名退役军人关于"对于未来10年,您希望在哪些方面再上一个台阶?"问题的调查结果显示,66.38%的选择"个人收入,包括专业和副业",选择"学历""技能等级,包括专业和通用技能"和"家庭建设,包括夫妻关系、子女教育等"的均超过了44%,选择"职务职称"和"个人成长,包括视野、观念、心理、知识等"的均超过了38%。这说明大多数退役军人,对于职业进阶的需求多元而且全面,方向也比较明确。具体数据如表1-1所示。

表1-1 退役军人职业进阶需求

选　项	人数小计/人	比例/%
A 个人收入,包括专业和副业	306	66.38
B 职务职称	177	38.39
C 学历	206	44.69
D 技能等级,包括专业和通用技能	207	44.90
E 家庭建设,包括夫妻关系、子女教育等	203	44.03
F 个人成长,包括视野、观念、心理、知识等	176	38.18

二、职业进阶的原则

1. 积极进取

本书总结了职场人士步入发展陷阱的几个征兆,值得每个退役军人警醒:

(1)每天空忙碌,早出晚归,但是没有什么成果,没学到什么,也没挣到什么;

(2)不知道自己能做什么,对自己的未来没有规划,过一天是一天;

(3)害怕接触新事物,害怕接触陌生人,害怕接触新环境;

(4)自卑、懦弱、胆怯,不敢拒绝别人;

(5)停止学习,拒绝学习;

(6)满脑子负能量,抱怨父母,抱怨社会,抱怨自己运气差;

(7)爱幻想,幻想着中彩票、突然捡到钱、突然遇到贵人;

(8)低欲望,对什么事情都提不起兴趣。

上述8条是职业退步的信号,是退役军人必须要避免的,而实现职业进阶,还要做得更好——如果升职要求的总分是100分,一般要得到80分以上才有可能成为候选人:一是业务占40%;二是和同事的人际关系,占20%;三是上级对你的认可,占40%。

因此,退役军人不仅要在业务上勤奋钻研,还要注意在其他方面也保持全力以赴的状态,做好量变的长期积累,迎接质变那一瞬间的美妙。

2. 整体推进

具体而言,职业进阶包括单位升职等9个方面,这些方面就像一组齿轮,互相咬合,互相促进。每一个方面都需要认真对待,也是值得努力的,其中的任何一个方面处理不好,都会严重影响职业进阶的高度和力度。这9个方面分别是：

单位升职。升职不是表面风光，而是掌握更多的资源，获得更大的舞台、更多的机会。

业务技能。这是在任何单位和行业内的立身之本，尤其是所在行业本身是知识密集型或资源投入型的，如果从业人员有较高的技术水平，则会非常受人尊重。最好是建立职业"护城河"，比如考个含金量很高的职业资格证书或评定职称。

家庭理财。为保证生活质量和职业进阶顺利，坚实的经济基础是必不可少的。因此必须建立财富安全带，比如获取增值潜力较大的资产，和城市一起成长。

子女教育。孩子是家庭的未来，需要在教育方面认真投入。家长须给孩子树立良好的榜样示范，注重培养孩子的人格。

夫妻关系。和谐稳定的夫妻关系，是职业进阶稳定的后方。不能在职业进阶的关键时刻因夫妻关系而掉链子，毕竟大好机会都是"过了这村就没这店"，甚至稍纵即逝的。

兴趣爱好。拥有长期或专注的兴趣爱好，这既能保证身心健康，也有助于开辟事业的新赛道，甚至成为职业进阶的加速器。

健康锻炼。身体是革命的本钱，如果身体不好，职业进阶几乎就是镜花水月。

家庭事务。柴米油盐等事情看似是鸡毛蒜皮之事，但实际上会影响大事甚至大局，处理不好也能让人精疲力尽。

急事处理。所谓"天有不测风云，人有旦夕祸福"，谁也不敢保证自家一生不摊上什么急难险重的事情。如果处理不好，不仅财务方面损失大，人也会受到很大拖累，甚至几年都翻不过身来。

另外，要从整个家庭的角度看待职业进阶，而不是局限于自己。比如，在个人职业进阶暂时没有机会突破时，可以一边进行量的积累，期待质的飞跃，一边努力提高全家的生活幸福指数。比如，提高夫妻的沟通质量，在陪伴孩子方面多投入时间精力，等等。这样不仅可以减少职业进阶的焦虑和压力，还能为职业进阶创造更加有利的环境。

这类似于开车，如果暂时不能更换更加强劲的发动机，那就把车厢内部装饰得更加温馨，或者把车窗擦得更加明亮，也能达到心情愉悦、驾驶体验更佳的效果。

3. 实干为王

做人必须务实，切忌成为那种纸上谈兵的人——这种人最喜欢的事情是不花钱地扯闲篇儿，手机在手，天下我有！拿出口香糖嚼个半小时，真香。吧唧一下嘴，开始滔滔不绝——从多年前的海湾局势到今天的欧美风云变幻；从王安石的一条鞭法到明星的各种八卦……"那些事情你都不知道吧？我是样样精通，我给你讲讲？"

但是，只要涉及具体要做的事情，他们立马一声不吭，或者摆出不屑一顾的表情。更可笑的是，自己没什么本事，一天到晚还看不起别人。他们"怼天怼地怼空气"，最后的结尾通常是一句："×国不行了，×老板也不行了。这次是真的了！"然后摆出一副上下五千年"我"最懂的姿态。

为了治疗眼高手低的毛病,建议退役军人做个真实的业务,完成"调研→采购→生产→销售→回款"的完整闭环,赚到第一个铜板。这涉及众多细节,一着不慎满盘皆输。即使遭受社会的"毒打",也胜过不知天高地厚地纸上谈兵。做完一次完整的业务后,也会对其他业务有更加明确的感知:哪个靠谱,哪个是"大忽悠"。这样被收割的概率会大大降低。

退役军人要尽量少说点、多做点,把时间用在把事情做好上,成为头部人才。最怕的是,在犹豫中度过一年又一年,从来没有为一件有价值的事情倾尽全力。

4. 及时调整

随着经济和技术等方面的迅速发展,很多岗位也面临着巨大的变化,甚至整个行业都有遭到颠覆的可能。退役军人应当学会分析岗位上升的瓶颈和发展趋势,及时选择合适的通道,完成职业进阶。

时代的浪潮滚滚向前,既淘汰了一些岗位,也涌现了很多新的岗位。与《中华人民共和国职业分类大典(2015年版)》相比,《中华人民共和国职业分类大典(2022年版)》净增了158个新职业,总职业数达到1639个,并首次标识了97个数字职业。标注数字职业,是适应数字经济发展的需要,有利于推动数字经济发展、加速技术创新和进行人才队伍建设。

三、职业进阶的本质

职业进阶的本质是什么?就是不断探索的过程,就是连续作战的过程。职场人士需要不停地突破门槛,通常是螺旋式上升,极少有火箭式冲天,并且突破一个层级后,又要挑战更高的层级。

这几年的流行词"内卷",说的是这样一种状态:世世代代、年年月月,都在同一水平重复,因为资源都被内耗掉了,所以无法积累资源以向上突破。很多人担心自己会有这样的结局:天天早上出门,晚上很晚到家,天天都在忙,但是过了一些年才发现,以往的那些红利,本质都是教育和年龄红利,等到黄金年龄一过,如果没有升到一个不可或缺的位置上,绝大部分人迅速进入下行通道,似乎越努力掉得越深。

如何突破内卷化?答案只有2个字:向外。

一是寻求外部的力量。例如通过学习、健身等,最后成功达到目标。

二是找到突破的时代机遇。例如加入某前景光明的公司等。

三是不断学习,突破固有的思维和生产模式,主动寻找新的机会。最好的办法是尽早认识自己的优势,不断提升自己的竞争力。

四、职业进阶的关键

职业进阶的关键是把力用在突破台阶上。对于退役军人而言,别管起点高不高、出发晚不晚,要发扬"撸起袖子加油干"的劲头,在单位、岗位或者某个领域,先扎下根,再成长。就像竹子,可能前几年根本看不到升高,因为根部在拼命吸收营养做好准备,到了某一年就会一夜拔地而起。这种成长是指数级的,因为扎根够深,积累够多,收获往往超过预期。

勤奋从来都不是流于形式的劳动,而是竭尽全力的经营。切忌假装努力,演戏给自己和别人看,以战术上的"勤奋"掩饰战略上的懒惰,以身体上的"拼命"掩饰头脑上的迟钝。

第二节

职业进阶的有利条件

对461名退役军人关于"对于职业进阶面临的环境,您的看法是?"问题的调查结果显示,88.94%的选择"有利",其中34.49%的人选择"比较有利,能够给我一定的助力",28.85%的人选择"非常有利,能够给我很大的助力"。这说明大多数退役军人,对于职业进阶的环境充满信心。具体数据如表1-2所示。

表1-2 退役军人对于职业进阶环境的看法

选 项	人数小计/人	比例/%
A 非常有利,能够给我很大的助力	133	28.85
B 比较有利,能够给我一定的助力	159	34.49
C 还算有利,主要靠我自己的努力	118	25.60
D 一般,可能会有阻碍	51	11.06

对于职业进阶而言,有很多有利条件,堪称"潮平两岸阔,风正一帆悬",退役军人应当结合自身的特点,加以充分利用。

一、政治条件

习近平总书记在党的二十大报告中提出,我国要如期实现建军一百年奋斗目标,加快把人民军队建成世界一流军队,要以新安全格局保障新发展格局,要加强军人军属荣誉激励和权益保障,做好退役军人服务保障工作,巩固发展军政军民团结。

广大退役军人应深刻领悟党的二十大的重要意义,全面把握新时代伟大变革的重大意义,忠诚捍卫"两个确立",坚决做到"两个维护"。

二、经济条件

1. 宏观经济

中国经济韧性强、潜力大,长期向好的基本特点没有变。随着一揽子稳增长政策措施落地见效,经济运行逐步改善。

第一,大国经济有韧性。我国经济规模依然可观,长期积累的雄厚物质基础和超大市场规模优势明显,2022年上半年经济总量达到56万亿元。

第二,需求恢复有潜力。稳投资力度持续加大,专项债发行和使用加快,重大项目加快推进,基础设施投资提速。线下消费场景渐次复苏,加上促消费政策发力,消费有望继续恢复。

第三,生产回升有支撑。2022年5月,规模以上工业增加值率先实现由负转正。随着企业复工复产加快推进,产业链供应链堵点卡点逐步打通,汽车、电子等重点行业的带动作用有望进一步增强。

第四,创新发展有动力。目前传统产业加速向数字化、网络化、智能化方向延伸拓展,新产业新动能继续保持平稳较快增长。

第五,宏观政策有保障。下阶段,大规模留抵退税、专项债发行使用、加大金融支持实体经济力度等政策效应会继续显现,有助于推动经济持续回升、向好发展。

2. 数字经济

我国不仅宏观经济运行良好,还出现了以数字经济为代表的新增长引擎。数字经济可以分为数字产业化和产业数字化。前者是指原生的数字技术应用类企业;后者是指用数字科技改造传统产业,即数字化转型,具体应用在如工业互联网、物联网等层面上。

近年来,我国数字经济蓬勃发展,产业规模持续快速增长,已数年稳居世界第二。统计测算数据显示,2012—2021年我国数字经济规模从11万亿元增长到超45万亿元,数字经济占国内生产总值的比重由21.6%提升至39.8%。

2021年,全国规模以上电子信息制造业增加值比上年增长15.7%,增速创下近10年新高,软件和信息技术服务业、互联网和相关服务企业的业务收入分别保持了17.7%和16.9%的高增速。截至2021年6月底,工业互联网应用已覆盖45个国民经济大类,工业互联网高质量外网覆盖300多个城市。2021年,我国实物商品网上零售额首次超过10万亿元,同比增长12.0%,移动支付业务1512.28亿笔,同比增长22.73%。

从投融资市场来看,2021年医疗健康、企业服务、生产制造、汽车等硬科技行业受资本青睐,数字经济步入产业深水区。在数字经济深入第三产业应用时,技术创新红利有望向第一、二产业溢出,比如智慧工业、智慧能源、智慧农业等细分领域。

在很多地区,发展数字经济正在成为地方政府的"先手棋",如利用数字化手段来提升城市治理和管理能力。各地政府,一是重点支持一批超级数字平台企业成长,二是加快发展一批"独角兽"企业,三是全力推出一批"瞪羚"企业。这些企业代表着一个地方的数字经济发展质量和数字经济活跃程度。

三、技术条件

国家围绕高新科技进行了巨大的新基建投资。新基建是稳增长、稳就业的重要抓手。2022年的政府工作报告中提到,要积极扩大有效投资,围绕国家重大战略部署和"十四五"规划,适度超前开展基础设施投资。根据中国信息通信研究院的测算,"十四五"期间我国新基建投资将达到10.6万亿元,占全社会基础设施投资的10%左右。

新一轮基建主要有五"新":

一是新的领域。在补齐铁路、公路、机场等传统基建的基础上,大力发展新一代信息技术、特高压、人工智能、工业互联网、新能源、充电桩、智慧城市、城际轨道交通、大数据中心、教育、医疗等新型基建。

二是新的地区。基础设施建设最终是为人口和产业服务的,以实现经济社会效益最大化。未来城镇化人口将更多聚集到城市群都市圈,比如长三角、粤港澳、京津冀等,这些地区的轨道交通、城际高速铁路、教育、医疗、5G等基础设施将面临短缺,需要进行适度超前的基础设施建设,以使经济社会效益最大化。从国内外经验看,城市发展的高级形态是城市群都市圈。城市群都市圈更具生产效率,更节约土地、能源等,是支撑中国经济高质量发展的主要平台,是中国当前以及未来发展的重点。尤其是国家新基建战略中重点投入的地区,应当成为退役军人重点关注的对象——未必要到那些地区工作、生活,但可以将它们作为发展业务的重点地区。

三是新的方式。新基建大多属于新技术新产业,需要不同于旧基建的财政、金融、产业等配套制度支撑。

四是新的主体。基建领域的市场准入进一步放开,投资主体也扩大了。事实上,一些大型企业已经大力投入新基建,并得到了很大力度的政策扶持,以及不菲的收益。

五是新的内涵。除了硬的"新基建",还包括软的"新基建",即制度改革:补齐医疗短板,改革医疗体制,加大知识产权保护力度,改善营商环境,落实竞争中性原则,发展多层次资本市场,建立新激励机制调动企业家的积极性,等等。

具体来看,新基建的投资机会包括以下 6 个领域,退役军人可以重点关注和挖掘这些含金量极高的行业机会。

1. 5G

据某市场研究公司统计,中国 5G 网络将迎来爆发式增长。截至 2021 年 5 月底,我国已建成全球规模最大、技术领先的网络基础设施,所有地级市全面建成光网城市,千兆用户数突破 5000 万户,5G 基站数达到 170 万个,5G 移动电话用户数超过 4.2 亿人。预计到 2024 年中国 5G 用户规模达 10.1 亿人,市场规模达 3.3 万亿元。

从投资规模看,2021 年中国 5G 投资额达 1849 亿元,占电信固定资产投资的 45.6%。据中国信息通信研究院预测,到 2025 年中国 5G 网络建设投资累计将达到 1.2 万亿元。此外,5G 网络建设还将带动产业链上下游以及各行业应用投资,预计到 2025 年将累计带动超过 3.5 万亿元投资。

5G 网络比 4G 网络在高传输、低延迟、广连接等方面有显著提升,与云计算、大数据、物联网、人工智能等数字经济领域深度融合,将形成新一代信息基础设施的核心能力。5G 技术具有跨界融合的天然属性,与新一代信息通信技术、传统行业、新兴终端融合后,未来将产生更多新产业、新业态和新模式。

新兴信息技术的应用场景主要包括以下 3 个方面:一是增强型互联网,应用于 8K 视频、云办公、云游戏增强现实等;二是海量连接物联网,应用于智慧城市、智慧家居;三是超低时延、高可靠通信,应用于工业自动化、自动驾驶等。

2. 特高压

我国的特高压电器标准已经成为国际特高压标准。我国是继美国、德国、英国、法国、日本之后的第六个国际电工委员会常任理事国。此外,特高压领域核心设备基本实现国产化,各项技术指标全面超越欧美等传统电气强国,该领域已成为我国最具全球竞争力的领域之一。

赛迪发布的《"新基建"之特高压产业发展及投资机会白皮书》预计,到 2025 年我国全社会用电量预计在 9 万亿至 10 万亿千瓦时,年均增速 4%—6%,以新能源为发电主体的新型电力系统将持续构建。届时,特高压产业与其带动产业整体投资规模将达到 5870 亿元。

3. 高铁

2020 年中国高铁营运里程约 3.8 万公里,实现 10 年 5.7 倍增长,超额完成"十三五"规划。据中国国家铁路集团有限公司发布的《新时代交通强国铁路先行规划纲要》,到 2035 年我国铁路网将达到 20 万公里左右,其中高铁约 7 万公里,到 2050 年我国将全面建成更高水平的现代化铁路强国。

"十四五"规划提出,要推进城市群都市圈交通一体化,加快城际铁路、市域(郊)铁路建设,构建高速公路环线系统,有序推进城市轨道交通发展,计划新增城际铁路和市域

（郊）铁路运营里程3000公里，基本建成京津冀、长三角、粤港澳大湾区轨道交通网，新增城市轨道交通运营里程3000公里。

4.充电桩

目前新能源产业主要包括四大板块：新能源车、光伏和风电、储能产业及电力设备（新基建充电桩等）。

我国新能源汽车数量呈爆发式增长，自2015年以来我国新能源乘用车产销量连续7年排名世界第一，2021年更是创历史新高，达到352.1万辆。"十四五"规划再次提及，要求加快扩建充电桩。

根据相关数据，预计到2030年，我国新能源汽车保有量将达到6420万辆。按照车桩比1：1的建设目标来计算，未来10年我国充电桩建设将存在6300万桩的缺口，预计将形成1.02万亿元的充电桩基础设施建设市场。显然，充电桩基础设施建设也将成为重中之重。

5.大数据中心

2021—2023年，我国数据中心产业投资或达1.4万亿元。随着"东数西算"工程的全面正式启动，我国数据中心投资布局正紧锣密鼓地展开。[①]2022年2月，在京津冀、长三角、粤港澳大湾区等地启动建设国家算力枢纽节点，并规划了10个国家数据中心集群，全国一体化大数据中心体系完成总体布局设计。

6."双碳"建设

"双碳"建设，即碳达峰和碳中和建设，重点在于推动能源革命，推进能源低碳转型。一方面，加强煤炭清洁高效利用，有序减量替代，推进大型风光电基地及其配套调节性电源规划建设，提升电网对可再生能源发电的消纳能力；另一方面，推进钢铁、有色、石化、化工、建材等行业节能降碳。

四、浙江省内条件

2020年，习近平总书记在浙江省考察时强调发展不平衡不充分问题要率先突破，赋予浙江省努力成为新时代全面展示中国特色社会主义制度优越性的重要窗口的新目标新定位。2021年，党中央、国务院正式印发《关于支持浙江高质量发展建设共同富裕示范区的意见》，赋予浙江省为全国推动共同富裕提供省域范例的重任。

1.目标确立

借此东风，浙江出台《浙江高质量发展建设共同富裕示范区实施方案（2021—2025

---

① "东数西算"指的是将东部大量需要运算的数据通过光纤信息通道传输至西部，并使用西部的算力枢纽进行计算后将结果返回东部供分析研究使用。

年)》,明确了56个指标到2022年、2025年的2个阶段性目标。

浙江省围绕经济高质量发展、收入分配制度改革、公共服务优质共享、城乡区域协调发展、社会主义先进文化发展、生态文明建设、社会治理梳理形成了多项重点工作。浙江省以"扩中""提低"为改革牵引,围绕缩小地区发展差距、缩小城乡发展差距、公共服务优质共享、精神生活共同富裕、共同富裕现代化基本单元等重大改革,梳理形成了多项重大改革。

浙江省制订共同富裕示范区建设绩效考评办法,动态监测评价共同富裕示范区建设工作进展,省级部门聚焦重点领域已出台64个专项政策意见,形成了"共性＋个性"的政策工具箱。

抓住典型,浙江鼓励各地因地制宜推进共同富裕实践探索,在试点中抓试点,启动六大领域、28个首批共同富裕试点,在重大改革跑道上创造好做法好经验。乡村集成改革、未来社区等一批重大改革取得实效;农村集体产权制度、"县乡一体、条抓块统"等一批先行经验已向全国复制推广。

2. 经济发达

浙江坚持在高质量发展中促进共同富裕,首条"跑道"就是经济高质量发展。

看基础,产业发展活力澎湃。

全省制造业高质量发展大会、全省新一轮制造业"腾笼换鸟、凤凰涅槃"攻坚行动推进大会相继召开,"专精特新"中小企业高质量发展、做好碳达峰碳中和等工作的实施意见接连出台,浙江为产业发展锚定新方向。2021年,浙江17个传统制造业增加值增长11.1%,规模以上工业中,高技术、高新技术、装备制造、战略性新兴产业增加值占比分别提升至15.8%、62.6%、44.8%和33.3%。

看格局,对外开放持续深化。

浙江着力打造构建新发展格局的战略支点和战略枢纽,如"义新欧"国际班列、义甬舟开放大通道、自贸试验区四大片区等。2021年,全省进出口总值首次超过4万亿元,比上年增长22.4%,其中,出口总值首次突破3万亿元。

看动力,创新源泉不断涌流。

9家省实验室实现了三大科创高地全覆盖,从基础研究的顶层布局到860万市场主体的持之以恒,浙江深入实施人才强省、创新强省首位战略,研发投入强度达2.9%。

看支撑,精准政策提前发力。

浙江率先出台"5＋4"稳进提质政策体系[①],全面落实国家出台的各项惠企政策。一批

---

① 该体系包括扩大有效投资、减负强企、科技创新、"两稳一促"(稳外贸稳外资促消费)、民生保障五大政策包,以及财政、自然资源、金融、能源四张要素清单。

批政策稳投资、稳外贸、促消费,稳工业、稳服务业、稳中小企业,为高质量发展提供了强有力的支撑。

2021年,浙江地区生产总值迈上7万亿元的新台阶,人均地区生产总值达到11.3万元,城乡居民收入分别连续21年、37年居全国省区第一位,发展质效双提;2022年第1季度,浙江开局平稳,再次交出地区生产总值同比增长5.1%的优秀答卷。

对退役军人尤其重要的是,浙江出台了《浙江省"扩中""提低"行动方案(2021—2025年)》,既在"共性"维度提出促就业、激活力、拓渠道、优分配、强能力、重帮扶、减负担、扬新风八大路径,推动普惠性政策落地,又在"个性"层面围绕当前阶段重点关注的9类群体,率先推出一批差别化收入分配激励政策,推动构建"全面覆盖＋精准画像"基础数据库,推动更多人迈入中等收入行列。

浙江努力构建高质量就业创业体系,着力打造就业困难人员动态清零、山区26县新增就业倍增、"浙"里好创业、终身技能培训体系建成、无欠薪省份、新就业形态权益保障、就业服务智能化全贯通七大标志性成果。

浙江深化"千万工程",建设新时代美丽乡村,实施农业"双强行动",为特色农业插上科技的翅膀,突出数字赋能乡村治理和乡村经济,之江大地"网红村"星罗棋布,推出首批城乡风貌样板区试点,探索美丽城镇集群化建设新模式,小城镇实现美丽嬗变。

第三节

职业进阶的建议

一、退役军人职业进阶调查

对461名退役军人关于"对于自己为职业进阶所做的准备,您的看法是?"问题的调查结果显示,94.14%的人认为自己准备充分,其中37.09%的选择"比较充分,机会来了我再加油就能成功",26.46%的选择"非常充分,只等合适的机会"。这说明大多数退役军人,已经为职业进阶做好了准备,对未来干劲十足。具体数据如表1-3所示。

表1-3　退役军人职业进阶准备情况

选　项	人数小计/人	比例/%
A 非常充分,只等合适的机会	122	26.46
B 比较充分,机会来了我再加油就能成功	171	37.09

续　表

选　项	人数小计/人	比例/%
C还算充分,机会来了还要加倍努力才有希望	141	30.59
D一般,机会来了再说	27	5.86

对461名退役军人关于"对于职业进阶的成功,您认为哪些是关键因素?"问题的调查结果显示,72.02%的选择"个人实力,包括知识、能力等",68.11%的选择"外部机遇,包括政策、行业等",49.02%的选择"家庭助力,包括长辈等",41.43%的人选择"人脉网络"。另外,选择"运气"或"领导赏识"的仅略超26%。这说明大多数退役军人,较少存在依赖思想,而是愿意通过自己的奋斗实现职业进阶。具体数据如表1-4所示。

表1-4　退役军人职业进阶关键因素认知

选　项	人数小计/人	比例/%
A个人实力,包括知识、能力等	332	72.02
B外部机遇,包括政策、行业等	314	68.11
C家庭助力,包括长辈等	226	49.02
D人脉网络	191	41.43
E运气	120	26.03
F领导赏识	123	26.68

二、退役军人职业进阶建议

结合上述调查数据和多年观察,为了更好地帮助退役军人高效实现进阶目标,对退役军人职业进阶的建议可以归纳为8个字——"着眼系统,突出重点"。

职业进阶是一个系统工程,包括理念、思维、知识、能力、职位、人脉和财富等的全面提升。这些因素紧密联系、共同作用。正如一辆汽车,每个零部件都有相应的作用,为整体做出有力的支撑。理念类似于导航仪,能力类似于发动机,人脉类似于润滑油,任何一个因素"拉垮",车肯定跑不快。

但是,由于环境和个人的各方面条件所限,要根据当前的现实条件,突出阶段重点,发挥重点因素的火车头作用,进而带动整个系统快速前进。

从专业提升到格局提升,到圈子经营,再到突破舒适区,每一步都是通往未来的必经之路。西美尔(Simmel)在《货币哲学》一书中说:"金钱只是通向最终价值的桥梁,而人是无法栖居在桥上的。"

比如,一个人想看窗外的世界:

第一步,他的资源很少,只能站在地上,达不到窗户的高度,无法领略窗外的美景。

第二步,他通过读书等,积累了大量有用的知识,这些知识成了他脚下的铺垫,让他的高度能够略微超过窗台,看到窗外的很多美景。

第三步,他积累的资源给他带来了财富,他继续坚持学习,资金和知识都达到了更高的水平,他终于可以尽情欣赏广大的世界,并做出更好的计划和准备。

第四步,从前的各种资源全都来支撑他的梦想,他的高度已经超过窗户,说明他需要新的突破。

下一步要干什么呢? 自然就是找到更加厉害的高手,学习更加高超的本领,破窗而出,开拓一个属于自己的崭新世界。

参 考 文 献

[1] 王昊男,戴林峰,金正波,等. 党的二十大代表热议:新时代十年伟大变革具有里程碑意义 [EB/OL]. (2022-10-20)[2022-10-31]. https://focus.scol.com.cn/zgsz/202210/58749355.html.

[2] 王政. 我国数字经济规模超45万亿元[EB/OL]. (2022-07-03)[2022-10-17]. https:// china.zjol.com.cn/202207/t20220703_24467153.shtml.

推 荐 阅 读 资 料

1. 稻盛和夫,《干法:稻盛和夫写给职场人的工作真谛》,华文出版社,2010年
2. 稻盛和夫,《活法》,东方出版社,2012年

思 考 与 练 习

1. 回顾一下您服役期间是怎样不断进步的,有哪些经验教训,然后总结下它们对未来有什么启示。

2. 职业进阶的有利条件中,您认为个人应当重点利用哪几个? 原因是什么?

第二章

退役军人职业心理进阶

引 言

最近,毕俊营有了一桩日思夜想的心事。一开始,他在岗位上接触了很多新鲜事,学到了很多新技能,干劲十足,几年的时光过去了,他又有了新的想法:一来,他发现晋升空间有限,开始厌倦自己一眼到头的岗位和工作;二来,他不想蹉跎了自己青春的尾巴,也想为家庭多赚点钱。

但是,他也担心,转行后不适应新工作,或者新工作远不如当前,反而破坏了现有的安定生活。这个想法一直困扰着他,但是他又不好对别人说,所以一直情绪不佳。

今天,他听说了丁新成顺利跳槽到某知名公司的事,内心再次泛起了涟漪。因此,毕俊营赶紧找到了丁新成,问他怎么下的决心。

丁新成没回答,反而笑了笑,问毕俊营:"一开始,你为什么来这里呢?"

毕俊营想了想,说:"其实当时不知道要去哪里,于是做了所谓的职业测评、人格测试等好多测评,最后发现自己最喜欢也有前途并且应该能做好的行业是交通业,于是就来了。"

丁新成追问:"那你现在觉得,有没有什么是你当年没想到的事?"

毕俊营对此脱口而出:"回报略。现在确实不算忙,但是日子波澜不惊,感觉没有太多价值,也没有太多经济回报。"

"对,问题就在这里。"丁新成说,"第一,如果心态还很年轻,就别只相信那些测评,我们在做测评时看似是自己的思考,其实真正决定我们选择的是潜意识,是潜意识里那个'理想的你'。"

丁新成接着说:"所以,自己到底喜不喜欢、擅不擅长,不要光'想'。我问你,如果罗列20个理想行业,是不是很多人会选择'交通业'?"

毕俊营点点头:"那肯定会。"

丁新成接着问:"你在这里工作了这么久,那你觉得,'喜欢交通业'和'从事交通业'是一回事吗?"

毕俊营猛地摇摇头:"完全不是。所以,还是需要体验,至少要从体验过的人那里了解信息。"

丁新成继续说道:"第二,就是你说的'回报'。做事必须考虑回报,也就是价值。没有物质和精神的回报,很难坚持下去。"

听到丁新成把自己犹豫不安的源头都剖析出来了,毕俊营连连点头,像是马上要跟着辞职转行的架势。丁新成马上泼了一盆冷水:"但是,你以为我是欢天喜地地转型的吗?

不是。我把自己这几年才积累出的一些血泪教训,分享给你:爱一行干一行是幸福,干一行爱一行是能力,不要把一生都用在寻找上,可能最好的已经在你身边。"

毕俊营听完,又陷入了沉思。

职业心理进阶的问题

在对461名退役军人进行职业心理进阶问题的调查中,我们发现,有半数以上的人存在明显的焦虑,有3成以上的人受到抑郁情绪的困扰,并存在一些抑郁表现。(如表2-1所示)在进一步问及具体心理困扰的来源时,又有近一半的受访者考虑转行或进修后重新择业。可见,焦虑、抑郁和转型是当下退役军人最为普遍的三大职业心理进阶问题。

表2-1　当前职业带来的心理问题

职业心理进阶困扰表现	人数小计/人	比例/%
A 缺乏目标、焦虑	262	56.83
B 情绪低落、抑郁	160	34.71
C 无意义感	142	30.8
D 自信受挫、自卑	97	21.04
E 担心评价、敏感	91	19.74

一、职场焦虑

1. 职场焦虑概述

焦虑是指由可能产生负面结果的刺激所引起的紧张、不安、忧虑、烦恼等不愉快的情绪状态。面对日新月异的技术、白热化的市场竞争、波谲云诡的国际形势、不断贩卖焦虑的媒体报道,越来越多的人在谈论"乌卡时代",亦即动荡不安、不确定性强、复杂且模糊的社会环境,更多的人陷入焦虑状态。而职场又是最为普遍的焦虑来源之一。

职场焦虑已经逐渐成为一个全球性问题。美国心理协会2012年的一项调查指出,40%的员工认为自己在工作中感到焦虑紧张,特别是,其中绝大多数员工认为焦虑情绪影响了他们的日常工作和生活。联合国在2017年对其分布在全球的15417名员工调查后发现,17.9%的员工汇报自己有一般性焦虑障碍。加拿大咨议局2016年的一项报告指出,员工焦虑每年会给加拿大造成173亿加元的经济损失。以上数据表明,职场焦虑波及全球,需要引起我们的高度重视。

《中国国民心理健康发展报告(2019～2020)》指出,虽然国民的心理健康意识逐渐增强,但是18—34岁青年的焦虑水平远远高于其他所有年龄段的。他们面临着工作节奏加快、工作时间紧迫的问题,同时,自身能力持续消耗在工作上,让他们对工作和生活的不满持续增加,很容易变得情绪急躁,片面地看待问题。

2. 退役军人的职场焦虑

近年来,我国退役军人人数逐年攀升,党中央对退役军人就业创业工作高度重视,2018年设立退役军人事务部,并出台《关于促进新时代退役军人就业创业工作的意见》,2020年通过《中华人民共和国退役军人保障法》,加强对退役军人权益的立法保障。

调研结果表明,退役军人群体年龄在20—30岁,以中职或高中学历为主,学历水平不高导致其收入水平低、社会地位不高等情况,特别是25—30岁的退役军人,家庭负担重,迫切需要一份社会工作,以担起家庭责任。除了一般人群遇到的焦虑问题,退役军人还有其他引发焦虑的困扰。

退役军人在回归日常生活后,会面临社会身份认同的转变,不免感到焦虑与迷惘,而且会持续很长一段时间。问卷调查结果也佐证了这一点,大多数受访者都面临职场心理困扰问题,受到个人成长方面(而非高薪)困扰的也比较多,可见,退役军人在身份转换过程中的角色适应,仍需较长一段时间才能实现。(见表2-2)

表2-2 退役军人的心理困扰问题

心理困扰来源	人数小计/人	比例/%
A 不知道要不要追求高薪	165	35.79
B 不知道要不要追求更高的学历	219	47.51
C 不知道要不要追求成长机会	204	44.25
D 不确定要不要转行	220	47.72
E 对未来职业发展没有方向	154	33.41

对个体、客户、消费者的精神满足和人文关怀正是商业社会最为重要的特点之一,这一经验的缺乏,也会导致退役军人在职场生活中很长一段时间都处于焦虑与不自信的状态。

问卷调查结果显示,有59.87%的退役军人对职业成长性存在明显焦虑,有45.99%的退役军人对自己的职场竞争力存在较大的怀疑,还有41.65%的觉得对职场人际关系无所适从,这些都反映了退役军人在市场环境下个人职场生活的不适应,导致了额外的职场压

力。(见表2-3)

表2-3 退役军人职场压力的来源

职场压力来源	人数小计/人	比例/%
A 工作得不到成长	276	59.87
B 职场人际关系不佳	192	41.65
C 对自己的职场竞争力没有信心	212	45.99
D 对胜任工作没有信心	108	23.43

退役军人该如何应对职场焦虑,以更好地实现健康的职业发展呢?

二、职场抑郁

1. 抑郁情绪与抑郁症

据世界卫生组织于2017年发布的《抑郁症和其他常见精神障碍》,抑郁症的全球平均发病率为4.4%左右。在中国,由北京大学第六医院黄悦勤教授牵头的历时数年、覆盖全国31个省(自治区、直辖市)的全国性精神障碍流行病学调查于2019年发布的数据显示,抑郁症在中国的终生患病率为6.8%,12个月患病率为3.6%。

抑郁情绪不能与抑郁症混为一谈,但是,从抑郁情绪发展到抑郁症是一种从量变到质变的过程,以2周的时间为分界线。2周是由众多精神领域专家商定的时长标准,不足2周的情绪低落就是抑郁情绪,如果超过2周还无法自行调节恢复,就有可能是抑郁症了。根据2022年简单心理平台发布的《2021—2022大众心理健康洞察报告》,抑郁和焦虑是最严重的2类困扰情绪,且有相生相伴的特点。(见图2-1)

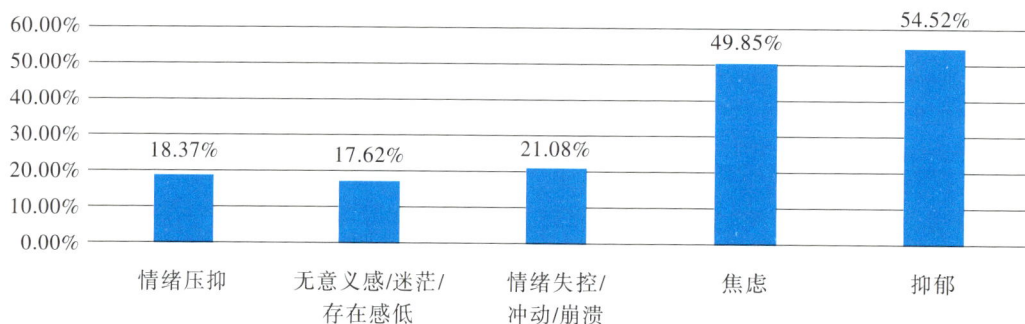

图2-1 困扰大众的各类情绪问题占比图

2. 退役军人的职场抑郁

职场中最不可能抑郁的人群是谁？很多人认为是所谓的成功人士，因为他们有丰裕的物质条件，似乎拥有更强的追求和获取幸福的能力。然而，《燃点》做过一项针对5000名企业家的调查，结果显示其中超半数的企业家每周工作60多个小时，他们觉得自己离家人和朋友越来越远，内心非常孤独和焦虑。在这项调查中，有一个问题是："你的工作有多辛苦？"10分为满分，大部分人都打了8分及以上。职场抑郁的问题可能比想象中的还要普遍。

退役军人一般都有良好的心理承受能力和强大的心理素质，但也面临更多抑郁源，最为明显的两点是：社会支持不足以及可能在训练或战争中产生过心理问题甚至经历过心理创伤。

退役军人从军队回归地方社会，从部队军人角色过渡到群众角色，再加上战友往往各奔东西，本就容易产生持续的不适感及对身份地位的长期焦虑。在很长的一段时间内，他们都需要有力的社会支持网络等，但现实是，由于受到多方面的影响，社会支持网络往往不足，或者没有办法维持一段时间。

"创伤后应激障碍"（Post Traumatic Stress Disorder，PTSD）这一概念起源于美国，战争导致美国老兵们产生了非常严重的心理创伤，随着对大量创伤相关精神与行为障碍患者的研究，PTSD被纳入精神疾病诊断和统计手册，并被确立为可单独诊断的疾病。军队应激障碍的心理问题可见一斑。

这些心理诱因在职场转换的长期过程中也容易演化为抑郁情绪，甚至抑郁症等精神障碍疾病。研究显示，国内外PTSD患者有1/3以上终生不愈，丧失劳动能力，1/2以上的患者常伴有药物滥用和其他精神障碍，自杀率是普通人的6倍。有的学者在研究中发现PTSD患者并发终生抑郁症者占30%、并发强迫症者占15%、并发惊恐障碍症者占10%—13%。

三、转型困惑

1. 典型的职业转型问题

你有没有中招？

◎刚入职有激情，工作半年后激情不再，想离开，怎么办？

"刚进入公司的时候还是很有激情的，每天都很充实，也觉得自己能做出一番事业。但是在公司待了半年后突然就觉得没有工作激情了，我想换个工作，但是同事劝我再忍一忍，至少满1年再说。我自己也担心万一换了工作做一段时间又没激情了怎么办？我到底是走还是留呢？"

◎手头的项目不受重视，没有资源，又必须要做，怎么办？

"我在一家公司做社群运营，但是公司一点都不重视这个业务，既不出钱，也不出人，我一个人坚持了半年的时间。就因为别的机构都在做，所以公司说要坚持做下去。我觉得这个岗位很没前途，我应该怎么办？要不要离职？"

◎行业在走下坡路，我应该走还是留？

"我在某传统行业工作了快20年，这些年明显感觉行业下滑得很厉害，眼看着一些同行都纷纷转行了，但我是行业专家，离开这个行业几乎就得重新开始，我很迷茫，不知道该怎么办。"

◎原有部门取消并入新部门，该留下还是离职？

"公司发生了战略变动，之前待的项目部门被取消了，一些人被裁掉，一些人辞职，而领导和我谈，希望我进入营销部门。如果转部门，收入估计会变少。我是留下还是离职？"

这些都是典型的职业转型问题。常见的职业转型有2种：一种是主动转型，即自己对新的岗位比较感兴趣，想转型过去；另一种是被动转型，即自己对目前的岗位其实挺满意，但是由于行业变动或者公司战略转向，不得不转型。

被动型转型是最痛苦的一种，本来干得好好的，突然有一天发现自己干不下去了，关键是还没有做好准备。年轻时还好，万一人到中年遇到这种事，从头再来代价可太大了。

要不要离职？要不要离婚？要不要回老家？要不要考研？⋯⋯这些问题都没有答案，"要不要"只是发泄情绪，不能解决问题。

"怎么办"才是一个关键的信号。从"要不要"到"怎么办"意味着从情绪宣泄到理性思考。

所以，在职业转型特别是被动转型这个问题上，去和留不重要，重要的是问自己：去，有哪些行业可以选？怎么过去？留，如何应对行业下滑的危机？

2. 退役军人的转型困惑

转型这件事千万别拍脑袋决定。没有受到专业学习的人看职业总有一种错觉，觉得职业就是岗位，转型无非就是换个岗位。这其实是完全错误的。职业不等于岗位，而是等于行业＋企业＋岗位。做任何一份工作都得先选择一个行业，在这个行业里确定一家企业，最后踏上这个企业的某个岗位，这3个维度共同组成了一个人的职业全貌。

特别是退役军人一般都具有心理承受能力良好、自信心充分和偏好高风险等心理特征，在职场行为上往往较为激进。然而，职业转型在一个人的职业生涯中，是一件重大的事情，需要对社会发展趋势、行业发展趋势、职业发展趋势、自身技能优势与能力水平，对转型职业的了解程度、兴趣程度与热爱程度等通盘考虑，是一门学问。

第二节

职业心理进阶的问题成因与可能后果

一、问题成因

1. 社会环境的剧烈变化

（1）企业命运的不确定性

未来，由于生物基因、医疗和大健康技术的发展，我们将越来越长寿。《百岁人生：长寿时代的生活和工作》一书中描述道："……如果你现在 20 岁，那么你有 50% 的概率活到 100 岁以上；如果你现在 40 岁，你有 50% 的概率活到 95 岁；如果你现在 60 岁，你有 50% 的概率活到 90 岁或 90 岁以上。"

令人窘迫的是，当人类的寿命越来越长时，企业的平均寿命却越来越短。

《财富》杂志指出，美国中小企业的平均寿命是 7 年，集团企业的平均寿命是 40 年，而中国中小企业的平均寿命仅有 2.5 年，集团企业的平均寿命是 7—8 年。近年来，钢铁、纺织、汽车等行业则整体陷入了低迷状态。职场人不仅面临周期性的经济危机、行业危机，还面临各种非常规性危机。

当今社会，技术、产业、经济的变革越来越多，可以预见，不论主动拥抱，还是被迫应对，大多数人必将面临多次职业选择。大量职场人面临着转型的压力，急需学习与提升。当组织的生命周期越来越短时，组织也趋向于年轻化、轻型化。持续学习、不断增值也许是破解负面情绪的一个出口。

（2）人的不可替代性变弱

餐厅里机器人送菜，银行里智能机器人导引，电信公司的呼叫中心由 AI 提供智能服务，工厂车间里机械臂在挥舞……曾经这些场景无法想象，现在却已经成为成熟的技术。2018 年，谷歌的自动驾驶汽车实现了商业化服务；2019 年，无人驾驶物流车开进了清华园；2020 年，京东物流的无人机在全国许多地区开展了乡村配送。技术越来越成熟，机器人越来越智能。

科技越来越强大，代表着人的不可替代性越来越弱。"日本现代机器人之父"大阪大学教授石黑浩认为，未来人类所有的工作都可能被机器人代替。2019 年年底，武汉大学质量发展战略研究院发布了一项调查结果，显示在未来 5 年中，机械和机器人将会取代中国近 5% 的产业工人。社会学家预言，到 2030 年，我们目前一半的工作都将消失。

李开复在他的著作《AI·未来》中提醒说，人工智能时代的危机是经济阶层的形成和更高的失业率,人工智能的浪潮席卷全球经济,它们有潜力拉开更大的贫富差距,引起大范围的技术性失业。未来由技术导致的财富与阶层上的悬殊可能发展为更深的裂痕:撕裂社会结构、挑战我们的人格尊严。今后,不论你从事的是体能类工作,还是知识类工作,和你进行激烈竞争的,可能远远不止同行,还有人工智能。

但是,在大量的负面情绪滋生前,我们还应该看到,虽然机械性的、可重复的脑力或体力劳动将被人工智能、机器人大量取代,但在复杂的、创意性的工作中,在情景适应、与人际交往相关的领域中,人类仍具有独特的优势。只是,这需要终身学习、持续迭代,学会借助各种科技的力量,这对个人学习能力的要求是相对较高的。

(3)不可否认的人口特征

单从性别角度来说,当前社会对女性的要求越来越高,导致女性比男性更容易焦虑。除了遗传倾向、生理反应、激素影响等生物因素的原因,女性还有以下焦虑源:首先,职场歧视对于女性来说一直是常态,女性在工作中往往出现就业更加困难、薪酬不对等、工作不对等的情况;其次,职场女性在工作之外,还需要履行大部分的家庭义务以及努力平衡工作和家庭之间的角色。这都导致女性在工作中更容易焦虑,特别是面对威胁、压力等负面情绪时,焦虑程度明显更高。

除此以外,年龄和工作年限也会影响职场焦虑程度。退役军人缺乏地方上各种行业的经验积累,而且工作岗位对一个人的要求是多方面技能和基本素质的综合,这必然会引发一定程度上的心理压力。不过,身体健康状况也对焦虑情绪有影响。退役军人在服役期间锻炼了良好的体魄,培养了严谨的作风和较强的吃苦意识,这些因素都更容易激发自身的积极情绪从而改变心态,而且经常锻炼的人会通过运动减少焦虑。

2. 财富与教育的两极分化

法国经济学家托马斯·皮凯蒂(Thomas Piketty)在《21世纪资本论》中提出的一个观点引起了轰动:欧美国家近300年的数据表明,其投资回报率维持在每年4%—5%,而GDP平均每年增长1%—2%。在100年的时间里,有资本的人的财富增长了128倍,而整体经济规模只增大了8倍。无独有偶,诺贝尔经济学奖得主、美国经济学家斯蒂格利茨(Stiglitz)在《不平等的代价》中,也得出了类似的结论:在美国,最富有的1%的人群拥有的财富超过国家财富的1/3。世界上最富有的85个人拥有的财富,比世界上最贫穷的35亿人的财富还要多。

科技和经济越来越发达,财富却越来越两极分化,似乎趋向残酷的"马太效应":强者越强,弱者越弱。给予富有者更多,夺走贫困者已有的更多。同时,这还引发了一系列蝴蝶效应,比如,在教育、创新能力方面也是如此。优质的教育资源也是稀缺的,因此学习型父母的下一代往往拥有了更多、更好的选择。有创意的头脑是稀缺的,因此,深圳、北京、上海、洛杉矶、伦敦等智慧城市往往形成了强大的集群效应和虹吸效应。

3. 个人心理层面的自我否定

除了社会环境等外部变化会诱发或导致职场心理问题外，一个人如果存在缺乏自信、成长创伤、自我价值感低、自我怀疑与否定等问题，其产生心理问题的概率就会大大增加，也会难以理性、清楚地考量自己的选择。

（1）自卑："觉得自己不够好"

首先，我们生活在一个热衷于评判的世界，这个世界一直鼓励我们与他人进行比较——我们和别人一样优秀吗？和别人一样聪明、坚强、有毅力、有头脑吗？并且，人们越想避免不如别人的压力，在压力下就会越脆弱、焦虑和抑郁。

其次，习惯责备自己。在成长过程中所听到的负面信息以及原生家庭教给我们的刻板印象，特别容易让我们形成一张"自卑网"。如果我们在对他人的恐惧或刻板的期望中长大，就会习惯于对自己的行为进行自我监督和检查。

最后，承认自己的脆弱，很难。只有承认自己生病的人，才会看医生、遵医嘱。同样，想从这样的心理旋涡中解脱出来，就要认可自己的脆弱，但是人们都有对脆弱的恐惧以及对坦诚自己的脆弱的恐惧。

关系文化理论家朱迪斯·乔丹（Judith Jordan）指出："只有当我们觉得能够得到支持时，我们才有可能会承认自己的脆弱。要做到这一点，我们必须有某些坚不可摧的人际关系。"承认我们的脆弱性需要洞察力，也是很有勇气的行为，而我们能否拥有这样的洞察力和勇气，取决于我们能否与我们信任的人或能给我们安全感的人分享和谈论这些。

（2）优越：脆弱的高自尊

与自卑相对的是自负，自卑和自负都是对自己缺少客观评价而导致的2种表现。一个更恰当的说法是，自负是脆弱的高自尊。

很多人觉得预测一个人能否成功的最重要因素是能力。为此，人们设计了很多测验来了解一个人的能力，比如入学考试、职业能力测试等。这些能力测验的背后都有一个假设，就是人的能力是相对固定的，我们能够根据能力高低把人分成三六九等。

可是，在现实生活中，我们会遇到一类人，他们起步的时候能力平平，后来凭着自己的努力不断进步，最终获得了很大的成就。我们还会遇到另一类人，他们看起来很聪明，却因为某个挫折一蹶不振，逐渐泯然众人。无论怎么评价自己，都是对自我表现和他人评价的过分关注，都有很重的"证明自己"的包袱。这种心理状态就是脆弱的高自尊。

那是什么让他们在挫折面前变得这么脆弱呢？是僵固型思维——通过维护"我很强"的自我形象，阻碍自己发生改变。

其实，能力并不能预测一切，怎么看待自己的能力，比能力本身更重要。

（3）受害者模式

第三种内在心理模式是，面对一件结局不令人满意的事，有些人会将之完全归咎于外部原因:不管是谁的错,反正不是自己的错。即使身边的人其实给了很多好建议,但是身处"受害者"世界中的人非常善于用一种"是的……不过……"或"你不知道……其实……"的说法来反驳。

作为"受害者",也许最大的收获是发泄的快感,被同情,觉得自己其实是正确的,最大的损失是觉得失落、绝望、无奈、无助、无力等,看不到任何可能与希望。

"受害者"生活在让自己舒服的自怜状态里,却失去了掌控生活的机会和可能性,这一点值得退役军人警醒。

（4）习得性无助

二十世纪六十年代,美国积极心理学之父马丁·塞利格曼（Martin Seligman）做过一个实验,研究狗是怎么得抑郁症的,也因此在学术界成名。

他把两群狗赶到A、B两个笼子里,并给笼子通电。A笼子和B笼子用一根导电的铁杆接通,所以两个笼子里的狗都经受了同样的电击。区别仅在于,A笼子里有切断电源的杠杆,而B笼子没有。被电击很痛苦,A笼子的狗最后找到了"按动杠杆—切断电源"的方法,而B笼子的狗什么都做不了,只能等着A笼子的狗切断电源。

后来,他把这两群狗先后放到C笼子里。C笼子并没有杠杆,但是很矮,只要奋力一跃,狗就能跳出笼子。他给C笼子通电时,在A笼子里待过的狗到处找杠杆,没有找到,但它们很快学会从C笼子里跳出来,而在B笼子里待过的狗却只会趴在笼子里,"呜呜"哀号着经受电击,一动不动。

为什么在A笼子里待过的狗会不断尝试跳出笼子,而在B笼子里待过的狗受了电击却一动不动呢? 答案是,在B笼子里待过的狗不仅受了电击,而且习得了一种信念:我做什么都没用。不是电击本身,而是电击造成的这种信念,让在B笼子里待过的狗放弃了挣扎。塞利格曼创造了一个著名的心理学概念来总结在B笼子里待过的狗的表现,叫作"习得性无助",并认为这种习得性无助是抑郁症的根源。

人类具有高度发达的大脑,具有复杂的抽象思维能力,这种抽象思维能力让人类擅长总结规律,提高生存率,但是容易把所受的伤害抽象化,扩大防御范围。

对伤害的抽象化好比每次遇到痛苦的事情,我们就在心里埋下一颗地雷。这颗地雷很危险,一被触发,就会激发我们应激性的情绪反应。为了避免接触这些创伤性事件,我们就在心里竖起警示牌,标定出不要轻易靠近的危险区域。感受过的痛苦越大,警示牌标定的危险区域就越大。久而久之,我们的活动空间变得越来越小,逐渐无路可走,生活就这样逐渐静止了。这就是思维的陷阱。

二、可能后果

负面情绪是人类数百万年来进化的产物。作为一种保护机制，焦虑等心理不适提醒我们保持警觉，对潜在的危险或威胁做出反应。一定程度的焦虑、紧张、困惑与迷惘对我们的生存和发展至关重要。如果没有这个"安全阀"或"信号弹"，我们的祖先便会成为猛兽唾手可得的美味，人类文明也就无从谈起。因此，根据进化心理学的观点，职场负面情绪有其存在的必然性和合理性。但是如果对这一情绪管理不当，也会带来诸多负面后果，具体体现在以下几方面。

1. 生理问题与不当行为

愤怒、沮丧、焦虑、抑郁等负面情绪往往伴随着诸多生理症状，包括掌心出汗、心跳加速、肌肉紧张，甚至呼吸困难、头晕目眩、肠胃痉挛、战栗、难以入睡等症状。短期内会带来情绪的疲惫、动力的缺乏和身心的懈怠，而如果一直重复和积累，最后甚至可能会发展成为焦虑障碍，显著降低健康水平。

除此以外，心理问题还可能引起进食问题和睡眠障碍。《精神障碍诊断与统计手册(第五版)》确认了6种进食障碍：神经性厌食症、神经性贪食症、暴食症、异食癖、反刍症和回避/限制性食物摄入障碍。一旦出现这些进食障碍，就需要及时就医，除了进行生理需求的治疗，心理咨询也是医院治疗必不可少的一部分。还有些心理问题表现在睡眠障碍上，包括：①夜惊。在熟睡时感到恐慌，可能会在睡眠中坐起来、尖叫、在房间里跑来跑去等。②失眠。失眠不仅包括大众所理解的无法入睡，还包括无法保持睡眠或获得良好的睡眠质量。③昼夜节律障碍。睡眠—觉醒周期紊乱，如经历时差和轮班。睡眠对生活至关重要，千万不要以为睡眠障碍可不治而愈。不少因焦虑而经历睡眠障碍的人并未意识到这是一种疾病，更不知道它可以被治疗，如果听任其发展下去，则会造成很大的负面影响。因此，如果出现睡眠障碍，就要马上寻求医生的帮助，接受科学的治疗。

在对461名退役军人的问卷调查中，对于"职业上心理压力造成的影响"的多选回答，结果不甚乐观，如表2-4所示。

表2-4　职业上心理压力造成的影响问卷调查结果

职业心理压力的影响表现	人数小计/人	比例/%
A 影响个人生活(如下班后依然精神紧绷、无法享受私人时间等)	241	52.28
B 影响上班的状态(如一到公司就心情不好、工作没有劲头等)	232	50.33
C 影响个人身体健康(如影响睡眠、免疫力下降等)	218	47.29

续　表

职业心理压力的影响表现	人数小计/人	比例/%
D 影响个人精神健康和心理健康（如出现抑郁、暴饮暴食等）	134	29.07
E 出现不当行为（如为了缓解压力过度饮酒、冲动消费等）	59	12.80
F 影响了对未来生活的规划	116	25.16

因职场心理压力而产生的负面情绪问题比较常见，而且这一情绪普遍"蔓延"至个人生活。根据表 2-4，有 52.28% 的退役军人认为职场心理压力已经导致下班后依然精神紧绷、无法享受私人时间等情况，并有 47.29% 的退役军人已经感受到自己的身体健康状况受到了影响。

2."信念"问题

ABC 理论是美国著名心理学家埃利斯（Ellis）于 20 世纪 50 年代首创的。A（activating events）代表诱发事件；B（belief）代表个体对这一事件的看法、解释及评价——信念；C（consequence）代表继这一事件后，个体的情绪反应或行为结果。此处的信念并非传统概念中的信仰、意志力。

ABC 理论可简单解释如下：我们通常会认为，一个诱发事件（A）是引起一个人的情绪反应或行为结果（C）的主要原因，但埃利斯的研究发现，其实真正引发一个人产生不良情绪或行为的，是他对这个事件的看法（B），也就是他如何去解释、评价这件事情引起了他的后续情绪反应或行为结果（C1、C2、C3）。（详见图 2-2）

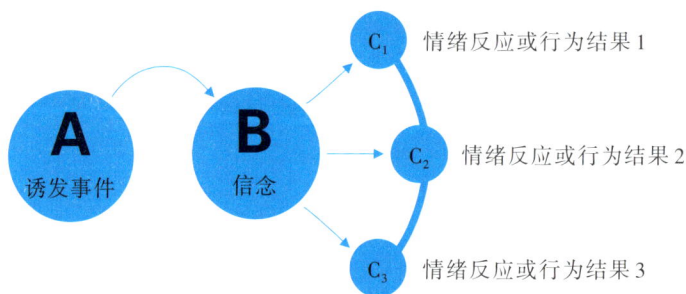

图 2-2　ABC 理论的概念模型

在负面情绪或压力下，有些情况是，"坏"的负面情绪导致"坏"的行动，如图 2-3。

"坏"的负面情绪		"坏"的行动
不安	➡️➡️➡️	逃避
愤怒	➡️➡️➡️	攻击
情绪低落	➡️➡️➡️	自我封闭
罪恶感	➡️➡️➡️	自我否定

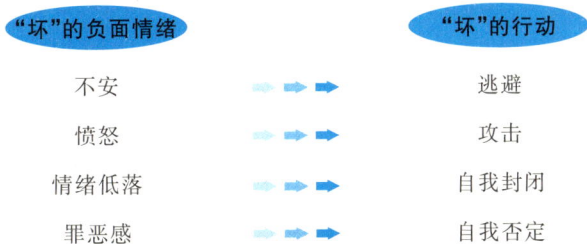

图 2-3　"坏"的负面情绪导致"坏"的行动举例

逃避、攻击、自我封闭、自我否定等，每种行为都不仅不利于情况的改善，而且可以导致"坏"的行动。一旦选择了这种"坏"的行动，就算你原本很有实力，也会因为无法充分发挥而必然产生不好的结果。

但是，也有一些例子是通过"好"的负面情绪选择"好"的行动的，如图 2-4。

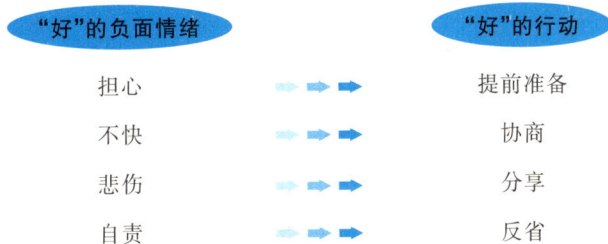

"好"的负面情绪		"好"的行动
担心	➡️➡️➡️	提前准备
不快	➡️➡️➡️	协商
悲伤	➡️➡️➡️	分享
自责	➡️➡️➡️	反省

图 2-4　"好"的负面情绪选择"好"的行动举例

我们可以看到，一旦人们沉浸于负面情绪，比如陷入焦虑状态时，往往担惊受怕，催生了消极的"信念"，从而无法专注于手头的任务，有时甚至无法理解工作任务的需求，失去努力工作的热情和内在动机，最终降低了工作绩效。但是，当我们意识到现实和理想状态之间存在差距，激活了积极的"信念"时，我们就能激励自己将更多的时间和精力投入到工作中，从而防患于未然。

心理学研究中的叶克斯-杜德逊法则也能佐证这一点，这一法则表明焦虑和绩效呈倒 U 型关系：员工如果完全不焦虑，则缺乏足够的张力和唤醒水平，员工因此会放松警惕；过度焦虑则让员工陷入情绪和认知的困境，难以集中注意力于工作；而适度焦虑既能激发努力的动机，又不会损耗太多情绪和认知资源，有助于员工实现最优绩效。

3. 思维限制与职业路径依赖

（1）思维限制

直到 1954 年，还没人敢想象在 4 分钟内能跑完 1 英里（约 1600 米），也没有人取得过这样的成绩。当时人们普遍认为，4 分钟内跑完 1 英里超出了人类的极限。英国长跑者罗杰·班尼斯特(Roger Bannister)说:"4分钟跑完1英里,是运动员和运动爱好者多年来谈论和梦想的目标。"大家都习惯于认为这是绝对不可能的,是人类达不到的。

但是,1954年5月,班尼斯特在牛津大学的跑道上突破这一极限,用3分59.4秒的成绩跑完了1英里。2个月之后在芬兰,这一成绩被澳大利亚选手约翰·兰迪(John Landy)超越,后者取得了3分58秒的成绩。在接下来的3年内,又有16名选手陆续打破了这个纪录。

这个经典案例发生在1954年,1954年发生了什么?是人类的基因发生了突变,还是有什么科技突破?都不是,而是"人类不可能4分钟跑1英里"的极限被彻底打破了。新的思维方式解放了他们。人们一旦意识到一件事情是可能的,那么接下来的事情就只是技术和时间问题了。

首先,班尼斯特确信4分钟跑完1英里是可以做到的。其次,作为牛津大学的医科学生和后来的神经内科医师,他采用科学的方法来训练。在训练中,当把跑步成绩缩短到每1/4英里61秒就一直停滞不前的时候,他意识到了自己固有思维的障碍。他出去徒步旅行和攀岩了几天,换了一个思维的"框框",回来以后,他的训练成绩突破了60秒。

当然,人类的体能是有极限的,但是,这个极限远远比我们想象的要高。像当年的跑步者一样,你心中有没有自己的职业边界?有没有一些你没想过,或认为不可能的事情,却在别人身上发生了?有没有想过,真正限制我们的是我们思维里那堵看不见的墙?

所以,我们必须找到自己内心世界中最柔软、可以改变的部分,然后通过思考和观察重新塑造我们更加喜欢的世界。

(2)职业路径依赖

路径依赖原本是一个自然科学术语,即一旦受到某种偶然事件的影响,整个系统就会沿着一条固定的路径演化下去。即使有更好的替代方案也不能更改既定的路径,形成一种"不可逆的自我强化"。一旦进入某一路径,就可能对这条路径产生依赖。好的路径会对人们起到正反馈作用,人们因而进入良性循环。反之,不好的路径会对人们起到负反馈作用,人们可能会被锁定在某种无效率的状态下,导致停滞甚至倒退。

人们在职业选择中,也存在寻找职业适应和自我强化的现象,即职业路径依赖。人们在过去的工作中衍生出来的习惯和信念,会影响当前及未来的选择。而一旦这些选择进入锁定阶段,要摆脱它们就会变得十分困难。

最常见的职业路径依赖有3种,分别是对行业、企业和岗位(工作内容)的依赖。从整体来看,对岗位(工作内容)的依赖>对行业的依赖>对企业的依赖。因此,在进行职业转换的时候,人们对未来工作进行选择时看重的顺序依次是:与过去工作的内容和性质的相关程度>与过去行业的相关程度>与过去公司的相关程度。

因此,选择工作的重点应该放在行业和工作内容上,而不是放在公司和品牌上,更不是放在薪水高低上。如果发现一开始的选择是错误的,那就要及时止损,否则我们后续做出的所有选择都会因依赖错误的路径而导致我们越走越偏离正途,直到回不了头。还有,要小心路径依赖,注意拓宽职业边界,获取必要技能,不要被情绪左右了自己的思维空间。

第三节

职业心理进阶的实现方法

正如畅销书作家谢丽尔·史翠德(Cheryl Strayed)所说:"我们内心都藏着一些不那么友善的声音,我们必须找到和它们共处的方式,而不是与它们绝交。"承认负面情绪的存在,观察它如何影响自己的认知和行为,并学会理解和接纳它,是正确对待它的态度。

一、调节情绪

1. 间歇式休息

正确休息,是排解压力和负面情绪的关键。

普通运动员与顶尖运动员的表现存在巨大差异。著名效能心理学家吉姆·洛尔(Jim Loehr)博士花费了数百个小时分析顶尖运动员的比赛,发现这些所谓的顶尖运动员的技能习惯和普通运动员的没有什么差别。后来他关注了一个重要的细节,才明白了其中的奥妙——顶尖运动员会抓住一切可以利用的间隙恢复精力。

顶尖运动员在两轮比赛期间有固定的行为模式,帮助他们充分地恢复体力,不必刻意训练就得到了放松。比如,有的运动员会慢慢地把头跟肩膀摆正,调整视线,有的会使用特殊的呼吸方法,甚至自言自语。

顶尖运动员会利用比赛的间歇,最大程度地恢复体力和精力,但是普通运动员根本没有主动恢复的习惯。这种休息习惯的差异,造成了两者水平发挥的差异。

不会休息的人在高压之下连续工作几个小时,感觉劳累是必然的。关键是伴随劳累的还有负面情绪以及注意力分散等,这些都是一个人的精力被极大消耗的表现。我们要抓住一切碎片时间,去恢复精力,控制压力和恢复的平衡点,这在任何效能至上的领域都是关键的。

下面是5种简单易上手的间歇性休息的方式。

第一种,强迫休息。

比如,学生不论自己在听课后是否感到劳累,只要老师一说到"休息",便即刻放下一切去休息,可以去洗手间,也可以去喝水,或者站立、找同学们交流。不管怎样,选择离开教室这个环境,强迫自己休息。除非你不希望自己的思路被打断,否则一定要强迫自己定时地停下来。

第二种,听音乐。

常备一副适合的耳机,选择好听的歌单。每当要休息5—10分钟的时候,选择听一两首令人放松和愉悦的音乐。

第三种,与朋友聊天。

找到能够迅速达成一致观点和话题的朋友,喝杯咖啡,聊一下,就可以精神愉悦放松。

第四种,喝热饮或吃健康好吃的食物。

在休息期间,可以选择一些热饮,如茶饮、咖啡、姜糖水、柠檬水等,也可以吃一些健康好吃的食物,如水果、坚果、黑巧克力等。

第五种,做一些让自己放松的事。

有的人喜欢临摹字帖,规律又简单的事很容易让精神得到放松,而且花费5—10分钟就可以完成。有的人喜欢泡脚,在热水中让自己很快得到放松。有的人喜欢逗宠物,与宠物相处同样可以让自己在短时间内迅速得到精神上的休息。

这里还有4条休息原则需要大家遵守。

第一,注意控制时间。

你一定要在所有事项当中精选让你觉得能够在5—10分钟做完的碎片化的事情,而不是一项大工程。

第二,选择的方式可以让你得到休息、感到愉悦,而不是让你耗神。

有的时候,跟某些同事讲话可能会比较耗神,那在休息的时候,就避免吧。

第三,休息期间不能做决策。

休息期间是一个人充电的过程。想象一下,如果一部手机正在充电,要让它完成一项特别复杂的运算的话,无疑是耗能的。人的身体也一样,休息时刻就休息,等充完电之后再做决策。

第四,不能做影响心情的事情。

比如小说的剧情会让你的心情跌宕起伏,那么就不太适合在休息期间完成阅读。因为心情一旦在休息期间被影响,特别是受到不良影响的话,实际恢复起来也需要消耗很多能量。

希望你能做一个见缝插针完成休息的人,通过休息为你奏出一曲美好而动听的生命之歌。

2. 获得正面情绪

有人认为,情绪这个东西都是外界的刺激所导致的,自己没有办法控制。其实不然。但你需要掌握方法,并且不断地练习,就好像运动员通过不断的训练,最后将动作形成肌肉记忆。

很多心理学家研究发现了关于情绪的3条重要定律：

第一条，人脑在一个时段只能主要存在一种情绪；

第二条，相比正面情绪来说，人脑更容易产生负面情绪；

第三条，人可以通过自主训练来控制情绪。

美国著名心理学家芭芭拉·弗雷德里克森（Barbara Fredrickson）说："我们每天的正面情绪和负面情绪的比例要大于3∶1，才能维持积极情绪的正循环。"所以，要保证自己每天的正面情绪在3/4以上。也正因如此，我们需要通过以下方式主动切换情绪的频道。

第一种，热启动练习。

这是美国著名人生教练托尼·罗宾斯（Tony Robbins）自创的一套方法，他每天练习，也指导过很多名人。热启动练习具体包括以下5个部分：

◎练习你的呼吸；

◎感受你的心跳；

◎回忆值得感恩的事；

◎想一想你值得改善和庆祝的事；

◎想一想你的3个目标。

完整的练习需要15分钟，不要小看这个练习，心理学家通过很多研究发现我们在情绪上小小的差别，能够对人的认知和判断产生巨大的影响。

比如，美国耶鲁大学的研究者做过一个电梯测试，他们在电梯里随机选择了2组学生，让他们帮自己拿一下咖啡，唯一的差别是一组学生的咖啡是冰的，另一组的是热的。

学生们从电梯里出来后被要求对同一组陌生人的脸进行好感度评分，结果拿了热咖啡的学生对别人的好感度会更高。这说明，如果自己的身体热起来了，会影响我们对别人的看法。

热启动练习中的"回忆值得感恩的事"是一个非常重要的部分。因为心里的感恩会让我们更容易觉得快乐。

第二种，情绪标签法。

如果觉得非常焦虑，并且焦虑感在脑子里挥之不去，这时我们可以试试通过给焦虑打上标签的方法来缓解焦虑。具体而言，就是在内心对自己说：这个感觉就是焦虑，我焦虑的时候会觉得心跳加速、手掌出汗。

如果能意识到焦虑的感觉，那我们也就不那么焦虑了。因为我们已经从这个感觉里跳出来站在旁边观察它了。

第三种，把引起负面情绪的事情写下来并且列出相应的对策。

为什么写下来能够减轻我们的负面情绪呢？因为它们的产生常常有2个因素：

一是过度专注,也就是我们常说的钻牛角尖,这需要我们转移注意力来缓解;

二是我们找不到解决的方法,觉得担心,没有答案,导致焦虑泛化。

所以把问题写下来就能够让注意力转移到纸上,而不是问题上。写出解决问题的方法,就算不完美,也能朝解决问题的方向迈出一小步,负面情绪就会随之减少。

3. 选择好的负面情绪,采取正面行动

通过本章第二节中学习的ABC理论以及"信念"问题,我们了解了"坏"的负面情绪会导致"坏"的行动,以及选择"好"的负面情绪的重要性。

如果按ABC理论再做一遍梳理,所谓的"坏"的负面情绪会导致"坏"的行动相当于C。所以除了诱发事件(A),应该有信念(B)介入其中。比如,当你遭到同事的批评,你会有什么样的想法?(如图2-5)

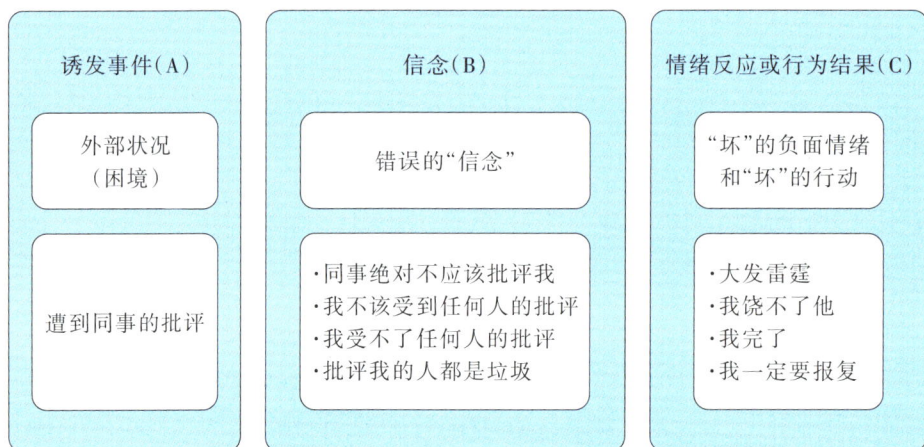

诱发事件(A)	信念(B)	情绪反应或行为结果(C)
外部状况 (困境)	错误的"信念"	"坏"的负面情绪 和"坏"的行动
遭到同事的批评	·同事绝对不应该批评我 ·我不该受到任何人的批评 ·我受不了任何人的批评 ·批评我的人都是垃圾	·大发雷霆 ·我饶不了他 ·我完了 ·我一定要报复

图2-5　错误的"信念"的连锁反应举例

为了诱发"好"的行动,应该有何种正确的"信念"呢?

简单来说,就是通过将原有的错误的"信念"修正为正确的"信念",进而将"坏"的负面情绪与"坏"的行动转换为"好"的负面情绪与"好"的行动。(如图2-6)

当然,有时即便理解了,一开始错误的思维方式和"坏"的负面情绪也还会出现,这是没有办法的事情。关键在于我们每次都能意识到,并且有意识地选择正确的"信念"。

反复练习很重要,通过这种努力,就能够当场切断"坏"的负面情绪,后面再也不用受它的拖累和困扰。我们应该以此为目标,努力将实践正面情绪与积极行动培养成一种习惯。

诱发事件(A)	信念(B)	情绪反应或行为结果(C)
外部状况（困境）	正确的"信念"	"好"的负面情绪和"好"的行动
遭到同事的批评	·我最好不被批评 ·但这本就可能发生 ·别人有批评我的自由 ·就算受到批评，也不是世界末日	·不快 ·这当然令人不愉快 ·可我经受得住批评 ·或许可以从批评中学到东西

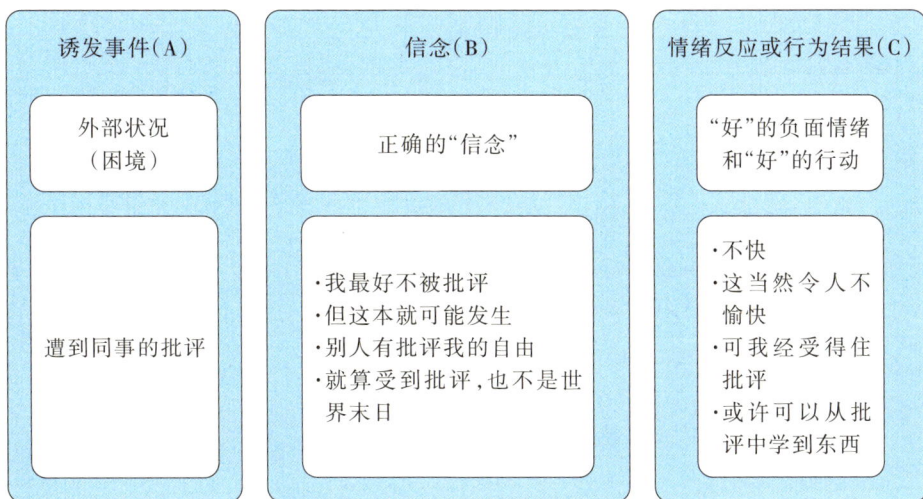

图2-6　正确的"信念"的连锁反应举例

二、提升认知

1. 复盘：重新推演

复盘本来是围棋术语。对弈之后，棋手们通常会把对局重演一遍，以此发现自己的错误，理解对手的思路，研究最妥善的走法。很多围棋高手都把复盘当作棋力精进的重要法门。后来，复盘思想被引入企业管理领域。简单来说，复盘就是将做过的事重新推演，从中总结成功的经验，发现失败的教训，克服自己的惯性，其流程如下。

第一，回顾目标。

◎回忆下做这件事之前，你的目标是什么。

◎这个目标设定得靠谱、精确吗？

◎有没有降低目标标准？

第二，评估结果。

◎满分100分，你给自己打多少分？

◎和满分差了多少分？差在哪里？

◎如果能够再提高10分，你希望在哪里提高？

第三，分析原因。

回顾事前、事中、事后全流程，并分析成功或失败的关键原因。

◎可控的原因：有没有更好的做法？是不是已经全力以赴？

◎需要合作的原因：自己这部分做好了吗？需要合作的部分，是否为别人留出了足够的空间、时间和给予了足够的支持？

◎不可控的原因:是否充分沟通并及时跟进进度？有没有什么方式可以纳入控制？有没有控制风险？

第四,总结经验。

◎哪些事情应该坚持做？哪些应该马上停止？

◎哪些人、哪些行为的价值值得重新评估？

◎哪些事情可以做得更好？具体该如何做？

◎对整个事情背后的规律,你有什么新的认识？

◎有没有哪些"经验"其实只是假设？

实际上我们的很多行为,都是基于对事情的假设。比如:假设努力可以成功,所以拼命努力;假设读书可以增智慧,所以囤积书单;假设小习惯不会有很大效应,所以不关注。

一次次复盘,其实就是一次次自我升级假设的过程,假设变了,行为也会改变,所以,可以在假设升级的基础上,再制订下一步的行动计划,来进一步巩固这种新假设带来的习惯。

2. 重新评估:能力优势、兴趣与外部行业趋势

对于重新做好职业定位,首先考虑的就是能力优势,对职业能力的鉴别和培养奠定了职业成功的基础,其次是兴趣,最后才考虑外部行业趋势。简单来说,就是判断"我是否擅长干这件事""我是否喜欢干这件事"以及"外部行业趋势是否支持我持续地干这件事"。

虽然人的潜力巨大,但很少有人能在工作中发挥超过自身潜力20%的水平。研究数据表明,仅有17%的职场人士认为,他们在工作上实现了"人尽其能,才尽其用"。而当人们从事其他擅长并热爱的工作时,工作效率可以显著提高。假设这个人能发挥的潜力从20%提高到40%,那么对他本人来说,他的工作效率就翻了一倍——而这只是开始。

著名优势理论之父、国际职业咨询业先驱伯纳德·霍尔丹(Bernard Haldane)博士指出,每个人都拥有自己独特的优势模式,都有能力将一件事情做得比其他人更为出色。管理学大师彼得·德鲁克(Peter Drucker)也强调了能力优势的重要性:"理解自己擅长些什么,以及应该强化和开发些什么,是自我发展的关键。"但是,人们常常由于各种原因,不了解自己的优势到底是什么,也无法理解成就感、兴奋和满足到底意味着什么。其实,人们可以通过工作观察法,从过去的工作中找到隐藏的线索。(见图2-7)

目前你的个人业绩排名在团队中的情况如何?(低于5%,5%～25%,25%～75%,高于75%)

你是否在这个部门中获得了晋升? 为什么?

工作能力与目前岗位的工作要求相比,你认为工作太简单/恰好可以胜任/有难度有挑战?

最喜欢工作的哪些部分?

最不喜欢工作的哪些部分?

如果不考虑经济问题,你最喜欢做的3项工作或3件事情是什么? 思考它们之间的共性。

在工作中,哪些方面你最有兴趣学习,并且学习得非常不错?

在工作中,你对哪些事情感觉困难? 哪些学得非常认真但依然感到吃力?

除了你现在的工作,你最愿意尝试哪种类型的工作? 为什么? 你愿意为此付出什么代价/成本?

你的上司如何评价你的工作?

询问你的工作伙伴、家人、合作方、同学、朋友等最欣赏你哪一方面。

回想过去5年里,你最有自豪感、成就感的3件事是什么?(每件事情至少相隔1年)

图2-7　重新评估适合工作的问题列表

首先,审视个人工作经历,卓越的工作表现可能暗示着你在某个领域具有天赋。但能力优势不仅是指某种天赋,更包含了人们反复应用天赋、获得成绩并不断强化而形成更高级别的能力组合,可用这个公式表达:能力优势＝独特天赋＋丰富经验。

其次,重新判断自己的兴趣。你有没有达到过这样一种状态:一旦开始工作或学习,会很快投入,不会被干扰,只是沉浸在自己的世界中,并且感觉充实,充满愉悦感? 当你正在做一件事时,时间开始飞逝,杂念迅速消除,仿佛周遭的一切都消失了。这种令人神往的状态被称作"心流",也被称为"神驰"。麦肯锡公司在2013年有一项令人振奋的发现:普通人仅有5%的工作时间处于心流状态,如果人们能够将这个比例提高至20%,整个工作场所的生产力将提高1倍。

有了发自内心的兴趣,人们就会无畏地投入精力和时间,在不断战胜自己、提升自己的过程中感受到无穷的乐趣,即使遭遇失败、压力和困难,还能够始终不放弃,充满激情地工作。

最后,关注和研究未来趋势、商业环境等,是现代职场人要做的一门重要功课。每个人都应该定期地评估自己的工作情况,确保自己的职业目标、行动规划与行业市场状况保持一致。当你属于以下6种情况之一时,对未来趋势的观察和分析工作就尤为重要:

◎ 处于行业整体衰退或业务持续滑坡企业中的员工;

◎ 处于组织变革中的企业员工;

◎ 对工作职责尚不确定或刚刚接受了新工作的员工;

◎ 管理培训生、储备干部、潜力员工和主管;

◎ 想得到跨区域工作机会的管理者、被列入继任者计划的潜力员工;

◎ 负责员工职业生涯管理的人力资源管理者、员工管理专家、组织管理专家。

行业趋势的最佳来源是知名管理咨询公司发布的行业分析报告等,如《麦肯锡季刊》《经济学人》等。此外,还可以关注行业内上市公司的财务报表。考虑到某些案例和分析不够"本土化",还可以通过行业杂志了解行业上下游企业的产品、服务和业务模式,了解企业招聘信息和查阅企业网站,也可以订阅与这个行业和你想要针对的目标企业直接相关的新闻动态。当然,最新鲜、最可靠的信息永远是出自企业内部。

当我们了解到这些重要的信息之后,要做出巴菲特(Buffett)所说的"预判和提前准备"就显得容易很多。我们的思考应该走在行为之前,这样才能保证我们正在走的路,的确是我们想走的那一条路。

3. 再次开局:以终为始

史蒂芬·柯维(Stephen Covey)在《高效能人士的七个习惯》中总结了一个习惯:以终为始。

如果你受命去盖一栋大楼,会怎么开始? 干起来再说显然是不行的。盖大楼,一定要先设计——设计主体、设计外墙、设计景观等,然后出建筑施工图、结构施工图等、设备施工图等,最后图纸拿好,开干。

当你已经准备好再次开局的时候,你心中一定要有那个"终",才知道应该怎么"始"。这就是以终为始。你要先通过基于心智的第一次创造,设计出"终"点的大楼,然后才能通过基于实际的第二次创造,从"始"出发,建造出大楼。

将其放回职业心理进阶的框架中就是,当你承受着一定的心理压力,准备寻求突破,即将开干时,请注意好3件事。

第一,坚定自己的目标。

分享一个故事。有3只猎狗追1只土拨鼠,土拨鼠钻进了树洞。这个树洞只有一个出口。突然,树洞里钻出1只兔子,兔子飞快地奔跑,并爬到了大树上。兔子在树上没站稳,掉下来砸晕了正仰头看的3只猎狗。最后,兔子逃脱了。

故事讲完了,你觉得有什么问题吗?

有人说:"兔子不会爬树。"有人说:"1只兔子不可能同时砸晕3只猎狗。"这都是好问题。但是,你有没有注意到土拨鼠哪里去了?

土拨鼠就是你的目标。可很多人面对复杂的环境,常常迷失了自己的目标。

要成为第一次创造者,第一步,就是确定目标,搞清楚自己的职业目标是什么,这个问题的答案,决定了这栋楼所有的后续工作。然后,坚定地追寻目标。

第二,原则:始终坚持职业目标的出发点。

《哈佛商业评论》中的《如何为你的下一份工作谈判》一文描述了一个例子。一个做咨询的人,想转到科技行业去,因为她觉得科技行业前景更好。她收到了2份录用信,一个是另一家咨询公司的,给她比现在工资高30%的薪资,另一个是一家科技公司的,给她比现在工资低20%的薪资。那这时候,她是不是应该拿着咨询公司的录用信,去和那家科技公司谈判,说你们得匹配别人给我的薪资才可以?

并不是。《如何为你的下一份工作谈判》建议,这种情况下,她可以考虑接受薪资更低的那家公司,但与此同时,她可以试试和科技公司的雇主争取其他的资源,比如:能否在进入公司之后,走一条更快的晋升路线?或者,进入公司之后,在本岗位干上1年,帮助公司完成某一目标,此后能否派她到公司另一个核心部门去轮岗?

这样谈,即便一时争取不到更高的薪资,但是可以争取到未来更好的发展前景,给自己的行业转型铺好路。这就是"以终为始"的谈判:以职业目标为出发点,倒推出自己现在值得争取的是哪些资源。

第三,计划:从成果倒推出每一个小目标和细节。

1911年,英国人斯科特(Scott)和挪威人阿蒙森(Amundsen),展开了成为第一个到达南极点的人类的比拼。斯科特团队有17人,而阿蒙森团队仅有5人。你猜最后谁先到了?

是阿蒙森。阿蒙森赢在了计划上。

首先,阿蒙森准备了充足的物资。阿蒙森的5人团队,准备了3吨物资;而斯科特的17人团队,只准备了1吨。其次,阿蒙森做了充分的研究。他去南极之前,专门和爱斯基摩人住了很长时间,学习了一些技巧。斯科特用马来拉物资,而阿蒙森选择了狗,因为狗不会出汗,在南极,斯科特的马跑起来就开始出汗,然后就冻住了。另外,斯科特团队天气好时就多前进一些,天气差时就少。但阿蒙森团队坚持不管天气如何,每天前进30千米,保持身体不懈息。

未来并不是我们遭遇到的,而是由我们自己设计创造的,我们正是这位设计师,我们就是为自己编纂未来的那个人。我们应该要注意3件事——目标、原则和计划,同时,对时间做长远规划,利用时间而非消耗时间,投资时间在你所重视的方面。

三、聚焦重点

1. 聚焦目标,放大优势

在《高效能人士的七个习惯》中,柯维强调:"要事的判断标准是这件事情能否让你的个人生活、工作局面彻底改观。"如果是,那就是你的要事,你可以根据这些要事去制订你的目标,这些要事就值得你花大量精力去做,同时舍弃与你目标无关的事情。

敢于舍弃。

敢于舍弃,直击重点,静下心来问自己哪些目标必须实现。写下自己的10个目标,用1分钟的时间,删掉其中的9个,并牢记剩下的1个。

如果你不能下定决心舍弃那些不重要的事情,那就问自己:这件事当下能否给你带来效益? 能带来多大的效益? 如果不做这件事情,会给你带来什么负面影响? 如果这件事推到2个月后再做,会给你的生活和工作带来什么改变?

放大优势。

如果你发现一件事情对你有用,能给你持续带来增长,一定要坚持去做,不断放大优势。靠优势,你不仅比别人效率高,还比别人轻松。何乐而不为呢?

找寻你的优势主要看3点:你喜欢什么;你擅长什么;你在什么方面花的时间和钱最多。

第一,思考你喜欢什么。

你如果对一件事情特别喜欢,就会有无穷的潜力来做它。

第二,思考你擅长什么。

在擅长的领域我们往往有更多的优势和动力。所以,在尽可能早的时候发现自己擅长什么,然后永远在最好的赛道里,保持增长。

第三,思考你在什么方面花的时间和钱最多。

你曾大量付出时间和金钱的事情,你一定会对它更加了解。现在的你是之前的你通过时间塑造的,你花时间和花钱所学的东西就是你的优势所在。

2. 找到同伴,有效社交

第一,和比自己快半步的人做朋友。

和比自己快半步的人做朋友,你能学到的东西可能会更多。交朋友很难做到一次性从0到1,你可以先从0到0.5,再通过这0.5开始发力,来达到1。假设C、B、A等级递增,而此时的你是C级,你去认识A级的人,想要获益或借力,那是没什么用的,A级的人的知识和资源并不能让你直接变成A级的人。而B级的人认知高一些,但还在你可以理解的范围内,你也能快速跟上B级的人的认知与思维,达到同频,最终慢慢地,你就会从C级的人变成B级的人,再去链接A级的人,最后成为A级的人。所以,去和比你快半步、高一级的人做朋友,他们会帮助你成就一个更高水平的自己。

第二,与同伴一起成长。

为了有所成长,有时必须果断地求助他人。毕竟独自一人能做到的事情十分有限,并且容易落后于人。只要有同伴,做任何事都不容易掉队,也能够一起成长。为何与同伴一起就能够一起成长呢?乍看之下,好像是件理所当然的事,不过有意识地加以利用的人似乎并不多。

首先,共享彼此的创意和方法。比起独自一人不断地盲目尝试,共享彼此的创意和方法能够更快、更有效地找出"应该这样做"的方法。这是先进的企业大力实施的"共享最佳实践",能够急速累积行业经验。人类无论是开始农耕,改良品种,还是创造出工具和文化,都是依靠这种方式,大幅度提升成长的速度。

其次,高效收集信息。有了同伴我们不仅能够收集到准确的信息,同伴也会提醒我们"这个信息很重要",让我们关注从前完全没有关注过的信息。

最后,找到竞争对手后会充满干劲。有同伴也就意味着有了"对手",整个人就会充满干劲,这正是人的天性。体育竞赛中运动员双方不断竞争,不断上演着让观众心潮澎湃的剧情,运动员自身也会获得快速成长。拥有共同目标的伙伴中,自然会诞生出对手,让人不断涌现继续努力的念头。只要有对手,努力就逐渐不再是一种痛苦的行为了。

参考文献

[1]张亚平.激进还是稳健:军人企业家的财务行为考察:以荣盛发展为例[D].苏州:苏州大学,2019.

[2]万志超.退役军人主观幸福感与生涯适应力、社会支持的关系研究[D].上海:华东师范大学,2020.

[3]陈源龙.退役军人自主创业能力特征评价研究[D].大连:大连海事大学,2015.

[4]刘妍.退役军人职业教育的问题和对策:基于院校层次的实证调查[J].教育学术月刊,2014(8):39-44,52.

[5]曹宇红,陈群,孙合龙.开启职场"第二曲线"[M].北京:电子工业出版社,2020.

[6]保罗·吉尔伯特.战胜抑郁症[M].江兰,陈祉妍,译.北京:北京联合出版有限责任公司,2021.

[7]陈海贤. 了不起的我[M]. 北京:台海出版社,2019.

[8]赵昂. 洞见[M]. 北京:文化发展出版社,2018.

推荐阅读资料

1. 理查德·尼尔森·鲍利斯,《你的降落伞是什么颜色》,中信出版社,2010年

2. 丹·艾瑞里,《怪诞行为学》,中信出版社,2010年

3. 史蒂芬·柯维,《高效能人士的七个习惯(精华版)》,中国青年出版社,2011年

思考与练习

1. 有时候,怎么看待能力,比能力本身更重要。请回顾你曾经遇到的一个挫折,你怎么看这个挫折? 是否存在"觉得自己不够好"的自卑心理? 或者本来有优越心理但因为这个挫折一蹶不振、不再相信自己("脆弱的高自尊")?

2. 古罗马斯多葛学派(Epictetus)曾说:"人并不是被事物本身影响,而是被他们自己对事物的看法左右。"叔本华也说过类似的话:"事物对于我们而言所具有的意义,让我们感到幸福或者不幸,这不取决于它们本来的面貌,而是取决于我们如何看待它们。"什么是当前最让你感到焦虑甚至抑郁的事? 你用了什么样的应对方式来处理这种焦虑或抑郁? 通过本章的学习,你是否有了新的方法?

3. ABC理论是什么? 回顾最近发生的一件令你情绪不好的事,试试看,为了诱发"好"的行动,可以将其转变成何种正确的"信念"呢?

第三章

退役军人职业思维进阶

引 言

毕俊营发现公司业务日益繁忙，业务指标进一步提升。这使得他每天压力很大，担心自己很难完成工作，头发也肉眼可见地少了。

不愿跟家人倾诉，他找到了自己的老大哥丁新成，向他描述了自己的处境和情绪。

"太阳底下没有新鲜事，一切今天正在发生的、即将发生的，都或多或少发生过。"丁新成首先安抚毕俊营不要激动，"今天也是一个不确定的时代，一不小心就会被不安情绪压垮，或是遭遇挫折就会情绪低落、被罪恶感笼罩。这都是正常的。你想想，现在自己能做什么？"

"我能做的，就是必须满足领导的要求。否则领导会怎么看我？我都不敢往下想！"毕俊营斩钉截铁地回道答。

丁新成摇摇头，说："领导感到满意是再好不过的了，为此付出努力十分重要。不过让领导绝对满意的理由不存在，归根结底这只是非常理想的状态而已。"面对紧张焦虑的毕俊营，丁新成一边肯定了他的价值与志向，一边将其定位为相对愿望。他否定了毕俊营的"必须满足领导的要求"的观念，再一次确认"对此付出努力就好了"，不知不觉中，毕俊营躁动的情绪慢慢平静了下来。

丁新成见状，继续引导毕俊营正向思考："无论什么样的领导，让他们完全满意都是非常困难的。"丁新成引导毕俊营认识到工作努力也可能存在不好的结果。

毕俊营点了点头："如果是因为我没有完全满足领导的要求，不用说，这是我巨大的损失，我投入的成本就回不来了，我也会很不爽。但确实，这不过是可能发生的事情发生了而已，并非世界末日，更不能说明我是一个没有价值的人。"很显然，毕俊营其实已经将巨大的损失、将坏的结果解释为可以承受的风险，也不再认为现状糟糕到了极点，更没有给自己贴标签。

丁新成很欣慰，毕俊营在承认自身价值的同时，正朝着有利于状况改善的行动方向迈进。

虽然现状没有改变，依然不乐观，但是当思维方式改变以后，结果会很不一样。

职业思维进阶的问题

一、职业思维进阶问题现状分析

所有的职业规划与选择,都是从认知和思维开始的。退役军人在职业思维方面有一些明显的特征。对461名退役军人的调查数据显示:39.91%的人认为,过去的实力存量能够有效应对持久的职业"作战过程"。可见,不少退役军人认为过去的经验是最大的存量优势。21.69%的退役军人认为,客观因素会在很大程度上决定自己的任务完成度。这里,客观因素包括了很多内容,如工作环境等。越来越多的文献证明,不健康的职场环境,会大幅增加人力资源成本和经济成本,并对员工的身心健康造成不可逆的负面影响。由此可见,客观因素对职业发展的影响程度可能比大众想象的更深。但将失败主要归因于外部客观因素,显然,也可能成为职业进阶的障碍。还有一部分退役军人认为,当期望和现实出现偏差的时候,可以通过跳槽解决这一心理不平衡问题。(见图3-1)

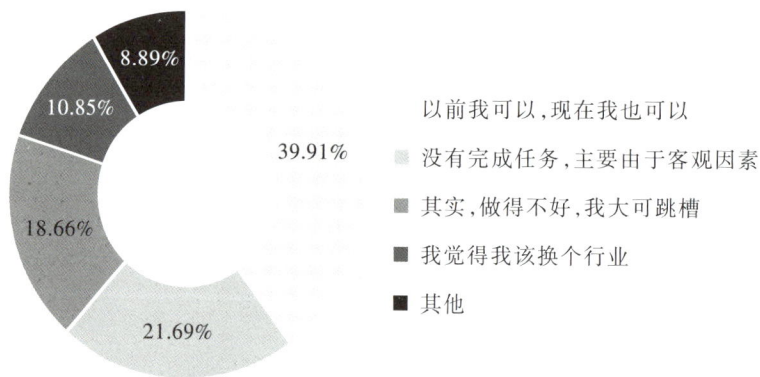

图3-1 退役军人职业发展过程中的想法

二、职业思维进阶的问题表现

1. 存量思维及表现

有些人不舍得把钱花在生活品质的提升上,认为"不必要",却把钱花在了医院。表面看,他们思想老旧,但往往是因为他们曾经穷过或认为自己是穷人,关注的是如何省钱,所以要节衣缩食。有些人做事畏首畏尾,总在想自己行不行,自己可是失败过的,于是会很神奇地继续失败。表面看,他们过于谨小慎微,但其实是失败的经历,让他们更加关注如何不失败。

这就是存量思维。经验,是成长,也是限制。曾经的经历会让人拥有处理同类事情的经验,这是过去经历的价值,也是对人的保护。但是,它也提醒着人们关注过去的损失和失败。厌恶损失是人性本能,有很多人往往因此限制了思维、减少了可能性,个人发展也受到了束缚。

一个人关注"我有什么"的时候,就很少会去想"我要什么",做事只从已有的资源出发,机会自然就会少;一个人关注"我曾经是谁"的时候,就很少会去想"我想成为谁",做事从旧有角色出发,成功的可能性自然也低;一个人关注"矛盾和斗争"的时候,就很少会去想"合作与多赢",与人合作的时候就会算计和猜疑,自然也就会心累。

国防科技大学廖国庚教授于2002年就提出了转业军人应适时调整角色心态和转变角色观念,克服"吃老本"的思想观念(即存量思维),要不失时机地加强角色学习。任何不能创造价值的经验,都需要被重新审视。所以需要一边累积经验,一边打破桎梏,从"我要什么"和"我想成为谁"出发,而不是从"我有什么"和"我曾经是谁"出发,是打破存量思维禁锢的关键。

2. 光环效应假象及表现

美国专栏作家戴夫·巴里(Dave Barry)曾提出如下观点:无论年龄、性别、信仰、经济地位有多么不同,有一件东西是所有人都有的,那就是每个人的内心深处都相信,我们比其他人要强。

很多调查都能够证实这一点,戴维·迈尔斯(David Myers)在《社会心理学》一书中也列举了几个实验结果:90%的商务经理对自己的成就评价超过对其他同事的评价;86%的人对自己的工作业绩的评价高于平均水平。

因此,当我们自认工作努力、绩效不错,因而埋怨工作任务失败是由于客观因素、他人问题时,很大可能也是对这个心理学理论的一个验证,即我们是不是对自己的工作能力和表现有了过高的估计,给出了不客观的评价。

研究表明,退役军人在就业过程中也容易出现自身就业能力与就业认识不匹配的问题。由于对自身就业能力的认知与劳动力市场上的一般认知存在差异,再结合其实际上在商业社会中相对较弱的专业技能,所以退役军人的实际就业能力往往低于其自我评估的就业能力。

从宏观角度看,经济环境时移事改。从工作角度看,人力、时间等资源受限的情况颇为常见,但是工作要求、人的需求不会因此而减少。客观环境在不断变化,退役军人需要把重心从外转向内,重新审视自己还有哪些资源和机会,把它们搭配好,这就是定力的作用,要以聚焦和定力打好手中有限的牌。

3. 打工者思维及表现

对于大多数职场人来说,在工作中,首要考虑的是薪资待遇,老板们对于这类职场人最关心的也是,付给他的薪资,能获得多少利润。因此,大多数职场人实质上是通过出售自己的时间来换取工资的,出卖自己的影响力,增加了老板的影响力。他们考虑的只是出售1次的时间,如何获得更多的报酬。简单来说,只做好老板让自己做的,这就是打工者思维。

打工者思维最常见的表现形式,就是工作被动。工作被动很难量化,一般可以将其分解为2个层面:一是被动工作;二是被动晋升。

(1)被动执行领导安排的工作

一般来说,岗位的发展可以明确地分为3个阶段:

第一个阶段是被动地提供服务,员工执行领导的决策;

第二个阶段是专注于提高自己的技术和专业性;

第三个阶段则是成为其他部门的战略伙伴,而不是关起门来自己做事。

职场初期,工作最重要的要求就是完成好被安排的分内之事。但是习惯了被动地接受需求、被动地提供服务,当机会出现在面前时,可能会抓不住甚至看不到。别人抓住了并成功了,你可能还会想,当时自己其实也在,怎么就没有抓住机会呢? 其实,这就是被动的表现。

突破的关键,首先从自我觉察开始,发现问题,才有可能解决问题。

(2)被动获得评价,等待晋升

出色的业绩,是晋升的基础。这里的业绩不是销售部门特有的销售指标,而是雇主对员工工作表现结果的评估。然而,如果你的工作无法像销售部一样,可以用客观的数字或案例具体量化,那么,晋升就是非常被动的。这就意味着,对你的评价可能全凭领导的主观感受。

领导的个人性格和管理风格迥异,或多或少会影响其对不同类型员工的喜好程度。但如果下属的工作质量和业绩不尽如人意,领导肯定不会对他有好评价的,更勿论提拔和重用。

同时,领导提拔下属的名额非常有限,这时一定存在内部竞争。在面临内部激烈的竞争时,如果实力不够,就先不要冒头,如果已经在候选人名单上,就千万不能天真地以为机会会自动送上门,而是要积极主动地把握机会,让犹豫不决的领导下定决心将最后的砝码加在天平上你的那一端。

稻盛和夫在《调动员工积极性的七个关键》中说:"要把员工当成经营伙伴。"即不管员工是一名也好、两名也好,从录用的那一刻起,就要把其当作共同经营的伙伴迎入公司,并对其说:"我就依靠你了!"企业管理需要将员工的打工者思维转变为经营者思维,对个体来说,也需要转变打工者思维惯有的工作被动习惯。将同一个工作时间,二次出售,不是指出售给两个老板,而是要出售给自己,既为老板打工,又为自己打工,让公司和自己都能有所收获。

4. 原因外化思维及其表现

人总会时不时将事情发生的原因外化:我们将自己的不幸归咎于这个世界,而不是自己。原因外化最常见的表现就是频繁跳槽。

退役军人的就业市场化是时代发展的必然,2011年国家出台的《退役士兵安置条例》也重点强调了退役士兵就业的自主性,鼓励其自主择业、自谋职业和自主创业。原有的技能与市场需求不匹配、职业技能培训与就业能力提升不匹配等问题不可避免。例如,某市参加再就业培训的95%的学员缺乏专业技能,仅有极少部分退役军人在部队从事汽车驾驶、汽车修理、通信、卫生等军民通用专业,但此类专业目前已相当普及,就业竞争压力大。

大部分退役军人缺乏特定行业或特定职业的竞争力,因而这个群体中行业转换或职业转换的现象更为普遍。另外,由于很多退役军人面临工作环境欠佳、工作时间不稳定、就业质量较差等问题,也加剧了他们轻易跳槽的倾向性。

现在是竞争激烈和环境剧烈变动的时代,人才的流动是普遍、频繁且健康的现象。人才的配置和布局,已然是商业社会相互竞争的关键资源之一。判断“好”的跳槽的标准是:(1)符合行业趋势,跳出原本日薄西山的行业;(2)头部企业类似岗位的收入符合你的预期;(3)以终为始地看问题,确定跳槽是问题的解决方案。如果不符合上述标准,仅仅是自己不满足当前的工作环境或工作内容,想通过跳槽来尝试自己适合的职业和岗位,这远非跳槽,而是跳坑。

第二节
职场思维进阶的关键

一、思维进阶问题剖析

为展现退役军人职场思维现状,本书用一对相反的问题进行了问卷调查(见图3-2和图3-3)。

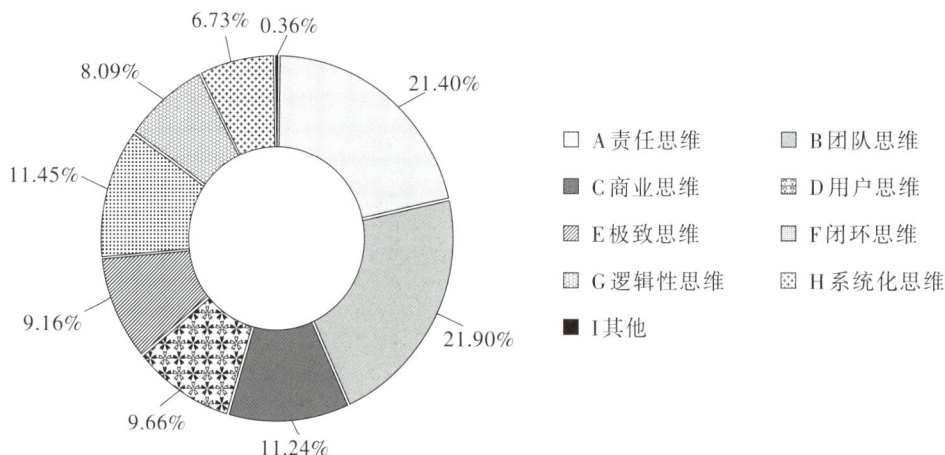

图3-2　退役军人的思维优势问卷调查结果

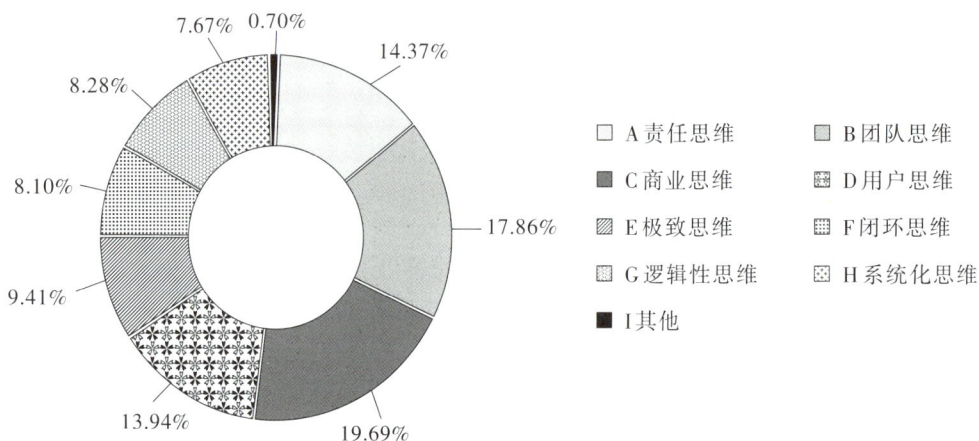

图3-3　退役军人的思维劣势问卷调查结果

在461份有效问卷中，有一组有趣的数据。有21.90%和21.40%的退役军人认为，和没有军队经历的同事相比，自身最大的思维优势分别是团队思维和责任思维。排在其后的是闭环思维和商业思维。与此同时，对于"和没有军队经历的同事相比，自身最大的思维劣势是什么？"这一问题，数据显示了相似的答案。退役军人认为，自身最大的思维劣势是商业思维和团队思维，其次是责任思维和用户思维。笔者对此数据进行梳理，并将数据反映出的问题概括为3点成因（见表3-1）。

表 3-1 思维优劣势对比表

排　名	思维优势类别	占比/%		排　名	思维劣势类别	占比/%
1	团队思维	21.90		1	商业思维	19.69
2	责任思维	21.40		2	团队思维	17.86
3	闭环思维	11.45		3	责任思维	14.37
4	商业思维	11.24		4	用户思维	13.94
5	用户思维	9.66		5	极致思维	9.41

1. 独特优势的滤镜

长期高度严格的团队训练和舍己为公的行为规范,练就了军人极强的团队思维和责任思维,然而,这2种思维模式在退役军人的思维优势排名中靠前的同时,也在思维劣势排名中靠前,形成最极端的两极分化。由此可见,正如前一节提及的自我评估迷局,退役军人对自身独特优势或竞争力的评估也许存在滤镜,并不能真实地反映自己在职业发展中最有优势或最为劣势的思维认知水平,存在过高或过低的估计。

产生这一问题的原因是多元的。没有认识到行业就业要求、职业发展要求以及职业的不同阶段对岗位的要求是截然不同的,对这些职业发展信息掌握得不全面,是主要原因之一;对商业环境下职业进阶思维认知不到位,对商业社会本质研究不深入,也是一个原因,亦即,必备思维的缺失。

2. 底层思维的缺失

在思维优势和劣势排名的对比表(表3-1)中,我们可以看到,5项排名中有4项是完全重叠的,可以认定,退役军人在认知和能力上,还缺乏更多底层的思维认知。

退役军人在部队中形成了很多有利于自身在激烈的市场竞争中脱颖而出的价值观和行为模式,并在职业角色转换中获得了深刻的经验,然而,这些依然只是一些侧面。调查数据显示,退役军人对商业思维的渴望是最为强烈的,在对市场需求、用户需求的判断力方面有较大短板。在职场中发展得越深入,越能够看到,底层思维才是最大的武器。

3. 三大思维能力的欠缺

调查结果显示的五大思维劣势,分别是商业思维、团队思维、责任思维、用户思维和极致思维。这与“退役军人认为最需要学习的思维有哪些”问题的调查结果别无二致。其中,商业思维是一种概念的集合,本书将调查结果显示的这一思维劣势细化为三大底层思维的缺失;责任思维是对责任感的强调,本书对此不做赘述。

二、实现进阶背后的三大底层思维

思维方式是看待事物的角度、方式和方法,对人们的言行起决定性作用。解锁职场中很多困局的钥匙,就在思维。思维一变,就如同推倒第一块多米诺骨牌,后边的行为会跟着变化,最终产生戏剧般的结果。而底层思维是构建我们思维能力的根基,它决定着我们会如何思维。

1. 复利思维:时间的积累价值

职业发展的关键就是复利。这句话已经被无数不同的书籍和案例提出和证实。复利被称为"世界第八大奇迹",可以用一句话来解释它:持续正向积累会带来持续的增长,呈现加速的趋势,引发惊人的质变和爆发性增长。复利思维高度认可时间的积累价值,时间越久,增长的加速就越快。(见图3-4)

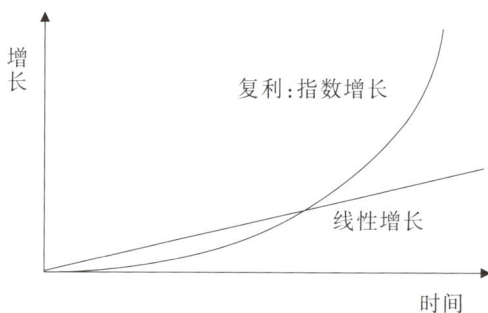

图3-4 复利思维的加速增长概念图

凡可积累,皆有复利,比如选择、知识、能力、资源、人际关系、信誉、信任、品牌等。

"加速度"就是复利奇迹的来源。对于绝大多数普通人来说,这个初始值都比较低,一开始的增长速度远低于思维惯性中的线性增长,看不到明显的效果,还伴随着很大的挫败感,但是经过某个阈值后,便会呈现出越来越快的趋势变化,而且只要增长速度够快,无论初始值有多低,很快就可以忽略不计,并实现复利的加速度效应。

这个逻辑放在职业发展和个人成长上更为明显。如果你认为自己的赛道是对的,但又看不到努力坚持的效果,那最好的办法是什么? 就是加速、加速再加速,直到感受到加速度的增长为止。

2. 概率思维:正确的事重复做

概率思维是指对于许多事情,我们都可以站在概率的角度思考。你如果想拥有任何一种性格和行为模式,只要提高自己出现相应行为的概率即可,行为的重复概率提高了,就说明你在朝着这个方向成长。这种心理认知非常关键。

比如1年365天中有200天你都坚持每天读书半小时,如何判断是否养成了习惯?与去年的你相比,读书这一行为的发生概率由0变成了约55%(即200/365),进步巨大。虽然你还没有做到每天都读书半小时,但是概率增加了,就意味着你在向养成这个好习惯靠近。

无论是在生活中还是在职场中,概率思维都会让我们选择做成功概率更高的事情,避免做那些成功概率低的事情,在自己的优势区击球。因此,不要因为一两天没有完成什么而懊恼,并放弃之后的行动。只要确保概率在正确的方向上增加就可以了。只要执行过程不是非常痛苦并且能让你感受到成长,你就会自然而然地坚持下来。

3. 迭代思维:小碎步快跑

迭代思维,又称最小可行产品思维,核心是低成本试错,观察结果,迅速获得反馈,及时修正,快速迭代。完成比完美重要得多,因此,迭代思维也可以简单概括为"先完成,后完美"——先搭出框架,初步填充,再根据反馈进行升级,这通常是最有效的完成工作的方法。

在信息经济时代,迭代的成本极低,这让快速试错成为可能。迭代思维的实现有三大步骤:第一步是建立框架,快速搭建能用的原型,框架可极简,满足核心功能或需求即可;第二步是设计内容,不苛求完美,只要能达到最基本的要求,尽快让这个小目标落地成型;第三步是获得反馈,进行优化。如果将全过程比喻成跑步,那第三步就相当于小碎步快跑。小碎步,既不容易摔倒,又能不断校正方向,接近目标。快,是互联网时代的鲜明特点,机会看似很多但稍纵即逝,快速迭代不能保证一定成功,但在一定程度上可以提高成功的概率。因此,有人也将迭代思维描述为"自己选的路,用小碎步快速跑完"。

人生是一场马拉松,起点不决定终点,要实现进阶,就要用迭代思维持续优化人生。职业也不是一锤定音,开局不决定终局,要实现职业进阶,就要用迭代思维持续迭代工作输出的质量和数量。

三、实现进阶突破的3个关键思维

1. 团队思维:借助团队优势

与团队思维相对的,是各自为政的个体思维。个体思维从个人角度出发,出于对个人利益的考虑,用自己习惯的思维模式做出决策,然后单独行动。团队思维崇尚的是集体思考、集体探讨、深入沟通,得出共同的团队决定,以此来作为所有团队成员统一行动的指南。(图3-5)

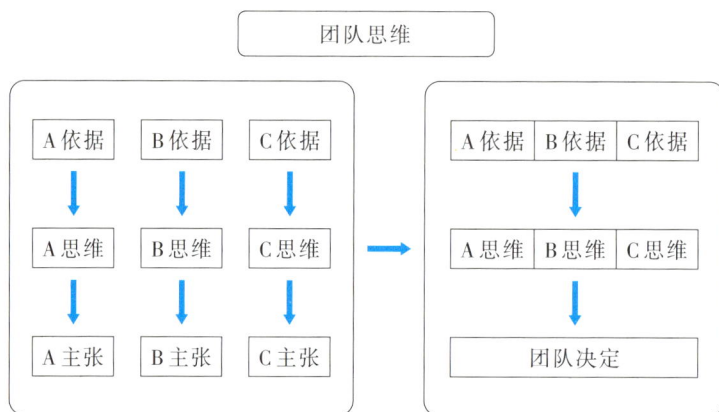

图3-5　团队思维概念图

团队思维优于个体思维的原因,在于团队的赋能。

首先,要优化团队,将自己所在/所带领的团队区别于松散、没有战斗力的群体,向目标明确、协作积极、相互负责、优势互补的正式团队方向靠拢。从人力资源管理的角度衡量,建立优势互补、专业能力完美搭配的"异质性"团队是保持稳定和高绩效的关键。个人英雄主义的时代已经终结,独行侠和单打独斗的工作方式已经不合时宜。建立工作团队,发挥团队优势互补的力量,已经成为管理界的主流认识。

其次,要积极面对团队冲突。通用电气前董事长杰克·韦尔奇(Jack Welch)认为开放、坦诚、建设性冲突、不分彼此是最重要的管理规则,他时常通过沟通诱发员工的建设性冲突。如果说一个冲突过多的团队未必是一个好团队,那么一个没有任何冲突的团队一定是一个平庸的团队。建设性冲突,有助于让团队成员表达自己的观点、不满,发表批评意见。

最后,要学习团队协调与控制的艺术。无论是团队成员还是管理者,都必须平衡好人情与制度的关系。人情管理和制度管理从本质上说并无优劣,目的都是调动团队积极性,开发潜力。明确标准,就是公平,就是平衡的艺术,目的就是持续正向释放团队潜能。

2. 用户思维:视用户为中心

麦肯锡第一销售定律说:"人不会购买他觉得没有用的东西。"在以用户为中心的时代,可以说,企业的根本价值在于站在用户的角度为用户创造价值。

用户思维,就是要多站在对方的角度,进行换位思考。工作中为用户提供服务时,需要随时清空自己,将大脑从"专家模式"切换为"用户模式",因为用户并不具备我们所了解的行业知识和产品知识,也并不是产品的娴熟使用者。

用户思维需要我们思考3个角度的问题,这三者也是市场最基础的底层理论。

(1)Who:我们是谁?

（2）What：我们能为用户提供什么？

（3）How：我们通过怎样的方式为用户提供这些内容？

例如要开发一款新闻产品，可以按照下面的流程进行。首先，要思考"我们是谁"这个问题：做这款产品我们公司和竞品公司相比有哪些优劣势？其次，要思考"我们能为用户提供什么"这个问题：是偏向于财经类、游戏类、体育类、娱乐类、汽车类、科技类、军事类、时尚类、数码类中的某个类别，还是一个综合型的产品？最后，要思考"我们通过怎样的方式为用户提供这些内容"这个问题，是通过 App、网站，还是公众号或兼而有之？是提供图文类还是图文类＋短视频新闻？

3. 极致思维：用户体验做到极致

极致思维是指把产品、服务和用户体验做到极致，超越用户预期。极致就是要做到让用户"尖叫"或"惊叹"，让内容处于不断的优化状态，将产品与服务做到最好。移动互联网时代的竞争，只有第一，没有第二，只有产品或服务做到极致，才能够真正赢得受众，赢得人心。

极致思维法则：痛点＋兴奋点。

痛点：用户需求必须是刚需。

兴奋点：给用户带来"哇哦"的效果，让用户兴奋。

让用户在体验过程中认知产品或服务，甚至高出他们的预期，要实现这一目标，需要花大量时间和精力去了解用户的使用习惯和使用行为。具备哪些功能、满足哪些需求很重要，用户在达成目的的过程中得到了什么体验也很重要。前者关系到用户会不会去使用，后者关系到用户使用完会不会抛弃你。前者考验细分用户建模调研类工作的能力，后者考验架构逻辑流程设计类工作的能力。两者同等重要，不分先后。

一个典型案例是罗振宇的《罗辑思维》。《罗辑思维》是互联网上最受大家喜欢的知识性脱口秀之一，其口号是："有种、有料、有趣。在知识中寻找见识。"它将产品、服务和用户体验都做到了极致，所以，作品获得了超高播放量。多一点"死磕"精神，多一点完美主义。从每天早晨准时 60 秒的语音，到每年的"时间的朋友"跨年演讲会，《罗辑思维》坚持了很多年，这就是它的极致。

还有一个典型案例是将用户参与感做到极致的小米手机。小米将用户的参与感看成小米最核心的理念，通过参与感来完成小米的产品研发，来完成产品营销和推广，来完成用户服务，把小米打造成一个很酷的品牌、一个年轻人愿意聚在一起的品牌，把做产品、做服务、做品牌、做销售的过程开放，让粉丝能全程参与。

第三节
职业进阶适用的思维模型

思维模型是蓝图,我们可以在不同背景下加以运用,以便理解这个世界,正确诠释信息,了解事情发生的背景。思维模型给予我们可预测的结果。食谱是最基本形式的思维模型,每一种食材都有其作用、时间和位置。然而,食谱并不适用于食品以外的领域。因此,我们无法为每一种情况都学习一个思维模型,但可以针对调查中显示的退役军人最为需要的思维模式,找到适用的思维模型。

一、市场思维:果因逻辑,价格决定成本

商业社会中,最核心的要素是人、财、物,企业追逐的最终目标是利润。因此,谈商业思维时不可回避的主题是市场和利润。

从经济学角度来看,每个人在职场中都是可以明码标价的"产品",你赚取的收入就是"产品"的卖价,所以大家关心的其实是:如何把自己这个"产品"售出更好的价格?

有人给出的答案是,通过自我成长、能力进阶,变得越来越"值钱","卖价"就会越来越高。这是成本决定论。即,基于成本定价,将所有成本乘以合理的利润率,得到最终价格。这是市场营销理论中最基础的定价方法,但也是很多人收入低的原因,因为除成本外,更重要的定价影响因素是市场需求。

很多人疑惑,为什么上了这么多年的学、为学习投入了那么多,毕业后却发现,还不如一个学历不如自己的"流量网红"赚得多。原因之一在于,后者非常懂得研究市场,善于根据市场风向制订自己的发展路径,这就是我们要学习的市场思维,市场供需关系决定了我们的"价格"。

"现代营销学之父"菲利普·科特勒(Philip Kotler)认为:先有价格,再有产品,而产品是让价格显得合理的工具。这听起来有点本末倒置,但事实确实如此。成本决定价格是因果逻辑,价格决定成本是果因逻辑。

因果逻辑就是,我要非常努力,去买书、看书、听课、学习,精进技能,拼命工作,把"因"做好,期待结果(升职加薪)发生。但问题在于:结果(升职加薪)可能会顺其自然地发生,也完全有可能无法实现。

追求果因逻辑就是,先确定"果",再去设计"因"。这不是自然而然发生的,而是人为设计的。这样做的话,你就会走上"我命由我不由天"式的职业进阶之路。这条路本来是

设计出来的,而非顺其自然、不受控制地形成的。

如果你确信1年后自己的"定价"是月薪2万元,你就应该拿这个结果反推什么样的"因"才会导致这个"果"。你会发现需要做很多改变,因为当下的"因"不会导致那个"果"。有可能从今天起,你努力的方向要变了,你读的书要变了,你听的课也要变了,甚至你结交的朋友也会改变,你职业进阶的策略也变了。

这一点放在企业发展的命题上,同样如此。根据传统的商业逻辑,首先就是自己办企业,也许是自己攒好了资本,也许是向亲友借钱,也许是向银行贷款,其次就是全力投入好的产品、团队和用户中,通过产品设计、价值创新、营销管理、人才战略、用户战略、财务管理等踏踏实实地经营产品。但很有可能第一年利润不佳,因为企业的利润首先要分配给产品、团队、用户体验,以及供应商、经销商等利益相关者。

因此,企业经营不是一件容易的事情,创业者需要花费巨大的时间和精力,才有可能从一个领域里熬出头。还有的人,发现了资本市场的商机,将公司股权作为产品,进行公司的买卖(即股权融资),形成了更高维度的资本思维,通过收购兼并公司股权、经营股权的价值来赚取利润。于是,利润就在原本企业经营利润的基础上,加上了资本的杠杆。

但是还有人看到近年来资本市场越来越大的改革力度、国家对民营经济融资难的解决方案越来越深入,于是,从成立企业之初,就做好股权管理,以终为始地布局企业未来的发展路径。比如:第一步是研究行业内的上市公司,拿出自己企业的上市方案。第二步就是倒推出自己的行动方案——先制作商业计划书,再找投资人融资。此时,销售的商品其实是股权。与此同时,还可以用股权融"智",告诉团队公司的远景,利用股权激励吸引人才。第三步才是产品运营、用户运营。如果最后成功上市,那么企业价值就得到了最大化,利润也得到了最大化。

原本的因果关系是从商业运作到资本运作,功成业就后就会上市,将股权投入市场。市场思维是果因逻辑,须先具备股权思维,思考股权的价值,然后是从资本市场获得投资,最后才是商业运作。此类模式在现代社会已经被广泛运用,阿里巴巴、腾讯、美团等企业无一不是如此成功的。这就是市场思维最鲜活的案例。

二、SYP嫁接法:推进共识,促成落地成果

柯维在《高效能人士的七个习惯》中提出,与人合作最重要的是,重视不同个体的不同心理、情绪与智能,以及个人眼中所见到的不同世界。与所见略同的人沟通益处不大,要有分歧才有收获。

上一节提到,在一个发展势头良好的团队中,冲突是不可避免的,建设性冲突也对团队发展有益。那么,面对团队成员各执一词,应如何应对呢?现实中,很多时候是一方以

严密的论证、动人的情感去说服、感动对方,证明对方错了,或者证明自己是对的。其实并不应该如此,可以假设每个人都是对的,大家的任务是,要一起找到大家都乐于接受的第三种选择。

我们要如何以"每个人都是对的"的思路开展合作呢?这种思维模型就是SYP嫁接法,即与对方共享信息、求同存异、落地推进。

第一步:Share——共享信息(对于某话题,充分发散各方看法)。

第二步:Yes——求同存异(这些看法中是否有一致的内容,如何认同?理解不同的内容以及如何交流)。

第三步:Plan——落地推进(为了推进共识的落地,明确计划和双方的责任)。

如果说第一步是发散,收集更多信息的话,第二步就是收敛,达成共识或做出决策。沟通高手的做法是:先认同双方的一致之处,再对理解不同的部分进行补充,最后从沟通中找出一些共识。他们不会语气强烈地说:"你错了,你没有说到……"他们会这样应对:"我同意你的××观点,同时,我还注意到……"

很多人在徒劳辩论的过程中,得出了共识和结论,往往会认为大功告成,其实不然,最重要的是对共识的推进与执行,也就是第三步。

那如何明确双方的责任呢?①结果:明确双方合作要达成的预期结果。"在什么时间?需要实现什么样的具体结果?"②标准:规定业绩标准。"结果必须符合什么要求或标准?是否可衡量?"③原则与方法:双方告知行动原则与方法。"要实现以上结果,需要遵循什么原则,运用什么方法,解决哪些问题?"④资源:给予必要的人、财、物等资源。"你可以动用的人、财、物等资源,分别是……"⑤奖惩:明示奖惩待遇。"当你做到什么,就会得到相应的金钱、精神、职位乃至组织和社会价值的回报?"这是对《高效能人士的七个习惯》中"责任型授权"的梳理和归纳,这样的合作模式,不仅可以成倍提升个人效能,而且能让合作伙伴得到成长,并且有效推进共识落地执行。

三、谁问答换位法:他问你答,实现用户导向

人类的思维和沟通,归根结底就是由一问一答组成的。在沟通中针对对方的问题作答,就能引起对方的兴趣,反之则鸡同鸭讲、话不投机。因此,此处可以套用一句流行语:"凡是不从对方需求出发的交流,都是浪费双方的时间。"

那怎样才能真正做到换位思考,说出对方喜欢听的话,给出对方满意的答案,满足对方的需求呢?很简单,只需要我们掌握"问(啥)答(啥)"结构即可,假设对方问什么,你就对应答什么。它能帮助我们思考对方的需求,从而针对性作答,实现用户导向、换位思考。

第一步,是谁:提问对象是谁?因为每个人思考问题的方向是不一样的。

第二步,问啥:对于某话题,他有什么问题或需求?根据对方的身份猜测问题或需求。

第三步,答啥:什么答案能解答他的问题/满足他的需求?当我们知道了对方想问什么,我们就能实现良好互动吗?不是的,我们还需要针对性地作答,给出能让对方认可的答案。

针对第二和第三步,我们可以用2个例子来解释说明。

比如,你的朋友给你打电话,说:"我们一起去吃饭吧。"你的大脑里会出现什么问题呢?

你可能会问:"吃什么?"那你可能是一名"吃货",最关心食物。

你可能会问:"有哪些人去呢?"那你可能喜欢交际,或者只喜欢跟熟人吃饭。

你可能会问:"什么时候?在哪儿?"不问吃什么,也不问有哪些人,干脆得很,那你跟这个朋友的关系肯定很不错。

在这个例子中,我们看到一个普适性的问题清单:5W2H。即,为什么(Why)、什么时候(When)、什么地点(Where)、什么主题(What)、有谁(Who)、如何(How)、需要投入多少(How much)。因此,猜测的时候也可以根据这个框架,判断对方当下会优先问哪方面的问题。

以上就是实现用户导向的思维模型。值得一提的是,问答换位法远不只是一种沟通技巧,还适用于一切思考乃至商业模式。

参考文献

[1]廖国庚. 转业干部:走出军营的困惑[M]. 北京:社会科学文献出版社,2005.

[2]高鹏. 基于就业能力视角的我国退役士兵就业问题研究[D]. 北京:北京交通大学,2016.

[3]吴炜,王宇红. 退役士兵创业现状、困境与对策:基于扬州市的调查[J]. 中国青年研究,2016(4):22-26.

[4]李践,黄强. 无条件增长:必然增长的十大规律[M]. 北京:中信出版社,2018.

[5]梁云. 反向思维与市场营销[J].企业销售,1996(10):36.

[6]粥左罗. 学会成长[M]. 北京:人民邮电出版社,2020.

[7]王超. 中层胜任力:中层管理者的12项修炼[M]. 北京:中国法制出版社,2016.

[8]何平,张雅文. 能力的答案[M]. 北京:电子工业出版社,2021.

[9]谢星星,李应玲,魏勇. 产品经理实用手册:产品思维方法与实践[M]. 北京:机械工业出版社,2021.

推荐阅读资料

采铜.《精进:如何成为一个很厉害的人》,江苏文艺出版社,2016年

思考与练习

1. 升级思维的目的是改变行动。你可以思考一下,你应该给2年后的自己定个什么样的薪酬目标,然后倒推一下,你现在应该怎么做,到时候那个目标才会变成合理的"价格"。

2. 迈士顿国际教练社创始人陈序说,成熟的标志之一,就是不再急着与人争辩自己的看法,不是所有人都生活在同一片海。你有没有发现有些时候你和对方的观点虽然不一致,但是都是对的?后期可以怎样达成共识,并相互合作呢?

3. 明天上班时,请使用问答换位法换位思考公司、部门、职位在这个月、这一周、这一天期望自己发挥什么作用,有什么任务、目标,而不是仅仅思考自己习惯做什么。

第四章

退役军人职业品质进阶

引 言

这天下班走在路上，毕俊营远远望见一个熟悉的身影，走上前一看，发现果然是丁新成。正好毕俊营最近面临升职的问题，他便约上这个老大哥一起喝酒。酒过三巡，见毕俊营像是有心事的样子，丁新成便主动开口询问道："看你今天闷闷不乐的，是不是有什么心事，难道是在工作上遇到了什么困难？"

见老大哥主动开口询问，毕俊营也不扭扭捏捏了，索性把这段时间来的苦水一股脑儿倒了出来："老哥，不瞒你说，最近我一直为升职的事而苦恼，本来呢，我感觉只要找到工作了，一直做下去，升职就是一件自然而然的事情。但没想到我都工作快5年了，还是停留在原来的位置上，没有任何进步，我就在想是不是自身能力还不够，但是又不知道该从何处下手去提升自己，所以最近一直处在一种很焦虑的状态中。你看，我这白头发都不知道多了多少。"

丁新成听完后，伸出手拍了拍毕俊营的肩膀以示安慰，然后开口说道："现在的工作啊，对于自身能力的要求确实是有一定的标准的，但是你作为一名退役军人呢，还是具备很多优异的品质，可以帮助你在工作中出色发挥的。不过从升职方面来说呢，你可能还缺乏作为领导者所必需的一些品质，所以你可以从品质提升方面入手，来进一步提升自己。你呢，回去之后可以看一些职业品质类的书，看看哪些品质是工作中迫切需要而你自身缺乏或需要进一步提升的。要想在职场中得到一定程度的提升，具备与工作相契合的品质是十分重要的。"

第一节

思政引领铸造职业品质

一、思政引领的重要性

很多职场人出现的职业心态失衡、理想追求淡化、自我意识膨胀、自我约束不足以及心理疾病频发等问题，原因在于思想政治教育的滞后或脱节。他们在职业成长过程中出现了各种各样的心理困惑，从而无法真正认清自我价值，更不能树立爱国奉献的崇高理想。

退役军人在职业进阶过程中的各阶段,经常受到来自网络等各种媒体的影响,如不能强化爱国情怀、激发社会责任感、启发创新创业意识、塑造工匠精神等,就难以了解职场发展的趋势,更不能了解如何将自身才华与国家社会需要无缝结合。缺少思政引领的动力,退役军人的自我认知与思想体系便不能得到很好的构建,他们很可能会在未来竞争激烈的环境中,放弃奋发拼搏、施展抱负的信念。

思政引领能将价值塑造、知识传授、能力培养统一起来,寓价值观引导于知识传授和能力培养之中,能够助力国家立德树人根本任务的实现,以及人才强国战略的落实,全面提高人才培养质量。

就退役军人而言,思政引领能够推动退役军人的政治素养、学识储备、能力品质全面融入国家教育的高质量发展,使他们成为国家培养担负民族复兴重任的高质量人才。对于退役军人这一经受过军队洗礼的群体,尤其不能放弃思政引领这一强大武器,要努力让思政引领为退役军人职业进阶发挥更大的推进作用。

二、思政引领的重点

思政引领应当以习近平新时代中国特色社会主义思想为指导,深入贯彻习近平新时代中国特色社会主义思想和关于退役军人工作的系列重要论述精神。思政引领要始终大力厚植爱国情怀,突出价值观念养成,帮助退役军人树立积极向上的人生观、世界观和价值观,进一步激发活力。

1. 树立正确的职业价值观

专业知识固然重要,但是支撑和引导专业知识的职业价值观更为重要。必须通过思政引领,将思想政治教育与退役军人的个人经验、行为体验等深度关联,挖掘知识所凝结的价值使命,塑造退役军人的价值观体系,引导退役军人发掘自身的兴趣与潜能,帮助他们完善自我认知,并客观、理性地将自身素养与社会需要相结合,养成正确的职业价值观。这样可以激发退役军人的社会责任感,引导他们辨明和抵御职业进阶中形形色色的诱惑,为社会主义事业做出更大的贡献。

塑造良好的职业价值观,形成坚定的价值判断能力,经得起检验、辨得清是非,绝非一朝一夕之功,而是"情感—行为—认知"相互融合、作用,并不断修正的、螺旋上升的渐进过程。思政引领应当将专业学习与时代使命结合起来,使退役军人在分析问题、解决问题的过程中高度认同、自觉践行社会主义核心价值观。

2. 将工匠精神作为职业信仰

职业信仰是个人或群体对职业以及职业内容、意义等方面的极度认同、热爱、崇拜和终极追求,是个人或群体在职业活动中的行为准则与精神力量,反映了个人或群体的职业价值选择、职业理想、职业态度、职业意志等。成为具有崇高的道德品质、执着的职业追求以及充满职业自信的高素质人才,需要科学的职业信仰指引。

工匠精神作为一种职业信仰,是从业者把一件事情做到极致,并从中体验快乐和实现自我的思想理念和价值诉求,体现了从业者敬业、乐业的职业品质。这些职业品质让从业者摆脱了功利束缚,以追求奉献企业和社会为职业价值,达到自由愉悦的精神满足。

工匠精神也诠释了"工匠们"对职业和岗位的热爱,对高尚的职业品格、精湛的技术以及完美作品的执着追求和敬畏,蕴含爱岗敬业、专注恪守、精益求精、守正创新的内容,是"工匠们"职业信仰的具体写照,也是职业理念和职业品质的精华,对于退役军人来说尤为重要。退役军人要让工匠精神成为自己的职业信仰,为职业进阶提供内在驱动力。

3. 树立正确的职业目标

只有树立正确的职业目标,才能更加明确高效地利用时间、能力等资源,不断提升自己。退役军人要在树立正确的职业目标的基础上,进而树立崇高的人生目标,并把个人价值的体现与国家民族的需要高度融合,努力成为新时期的优秀人才。

三、思政引领的方式

思政引领的方式多种多样,退役军人主要通过思政课程、课程思政、主题教育、文化活动等教育活动形式,增强"四个意识",坚定"四个自信",做到"两个维护"。

理论学习是思政引领的核心。退役军人应当深入学习习近平总书记系列重要讲话精神,强化党性教育,认真研究退役军人法律法规、方针政策,完成退役军人教育管理活动等的规定内容,通过学习讨论、专家讲座、心得体会交流等多种形式,增强学习效果,永葆革命本色。

此外,理论学习要打破单一模式和僵化思维。退役军人应当积极参加系统性的职业核心通识课程,如德育课、职业发展与就业指导、心理健康等,做到思政引领、专业、岗位的有机统一,夯实专业发展基础,不断提高职业能力。

实践拓展是思政引领的重点。为了把学习成果转化为推动干事创业的强大动力,退役军人应当结合自己工作、生活中的实际问题,尝试更好地活用理论知识,并结合职业进阶中遇到的困难,找到适合自己的重点方向。

总结复盘是思政引领的关键。退役军人可以结合自己的军旅生涯和退役后职业发展各阶段的经历,对思政引领的理论、方法和实际效果,进行一次系统性的思考。这种对经验教训的反思和总结,是退役军人职业素养自我升华的宝贵过程。反思和总结的成果体现可以灵活多样,书面、录音、视频均可,也不必规定长短、格式,只要是发自内心的,就是优质内容,就会成为自己的职业进阶加速器。这些成果可以保存在日记本、手机上,方便自己查阅。

计划未来是思政引领的体现。经过实践总结与思政熏陶的全方位引导,退役军人已经具备立足当下、着眼未来的主观认知。通过重塑正确的职业价值观,积极主动地制订进阶计划,稳中求进,锐意进取,退役军人的未来会更加光明。

第二节
职业品质进阶基础知识

一、品质的定义

本书中的品质是指人的行为和作风所表现出的思想、品性、认识等的本质。品质不仅仅限于道德,还包括人的健康、能力、文化等因素。良好的品质可以约束人们的行为,展现出更高的道德水平、更好的身体素质、更强大的能力、更优秀的文化素养。而高品质的员工能够更为高效、高质量以及高要求地完成相应的个人工作,同时能够快速适应职场生活,在各种团队协作工作中也能够表现出色,高质量地完成相关工作内容。

二、职业品质

1. 职业品质的概念

职业品质是人们在付出劳动和参与职场生活时对相应职业的了解和职业适应能力的综合体现,其主要表现在职业兴趣、职业能力、职业个性及职业情况等方面。

职业品质的一部分是先天就具有的,是通过父母的遗传而获得的,主要是与身体健康有关的一些生理上的因素。职业品质的另外部分则是后天所获得的,是受职业环境以及后天所受教育的影响而发展起来的,还是个人努力的结果,不同的人在相同的环境及教育下会形成不同的职业品质,因为职业品质还是个人通过努力学习实践,获得一定知识并把它变成自觉行为的结果。

职业品质是多数企业在进行人才选用时考虑的第一要素,因为具有优秀职业品质的劳动者能够为企业创造出更多的价值。一般来说,劳动者能否在自身的职业领域内快速适应并取得成功、获得成就很大程度上取决于劳动者自身的职业品质。

2. 职业品质的特征

职业品质大致具有的特征,如图4-1所示。

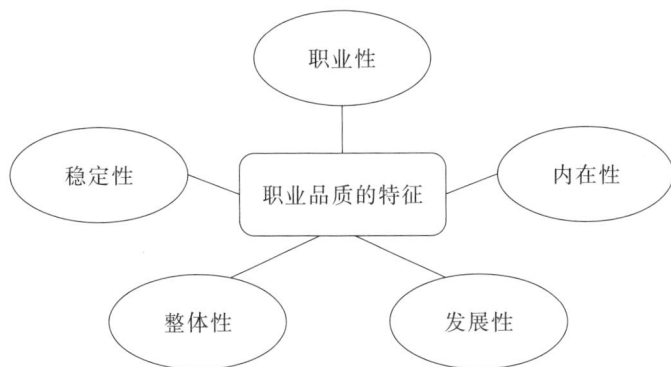

图4-1 职业品质的特征

职业品质的第一个特征是职业性。职业品质与品质的区别就在于"职业"这两个字，职业品质所强调的是劳动者能够了解其特定职业和适应其职场环境的能力。在同一家企业中，不同职位的员工，如采购员工和销售员工，他们所需要的职业品质是不同的。再比如，一些在教师身上所需要的职业品质，如能够与学生进行较好的沟通，在其他职业从业者的身上就不适用了。因此，职业品质是有其职业特性的，不同的职业所需要的职业品质是不同的。在考虑自身职业品质进阶时，个人也需要结合之后可能从事的相关职业。

职业品质的第二个特征是稳定性。一个人的职业品质是由其先天遗传部分加上后天所处职业环境及所受相应教育而形成的。一旦形成，就会逐渐趋向一个稳定的状态。当然，通过后面继续接受教育以及环境的改变，职业品质会相应地发生改变。因此，当从一个职业环境转变到另一个职业环境时，对相应的职业品质进行了解和进阶是必不可少的。

职业品质的第三个特征是内在性。职业品质是一个人所具有的一种内在的东西。在职场中，职业品质潜移默化，逐渐形成劳动者的一种内在品质，然后体现在其工作的各个方面，影响劳动者在工作中的行为表现。

职业品质的第四个特征是整体性。一个人的职业品质往往是多样的，而多样的职业品质之间往往是具有整体性的。在职场中，劳动者如果由于缺乏某种职业品质而导致工作没有较好地完成，那么往往会导致周边人质疑他的职业品质，而如果劳动者具有某个特别突出的职业品质，可以帮助其更好地完成工作，那么会带来周边人对他的职业品质的信任。因此，职业品质间具有很强的整体性，在进行职业品质进阶的时候需要考虑到相应职业所需要的各种品质，并对其进行较好的提升。

职业品质的第五个特征是发展性。虽然职业品质具有一定的稳定性，但随着所处环境的变化、所受教育的进一步提升，个人的职业品质也会相应地进一步改变。尤其是在进入一个完全不同的职业领域时，人们为了更好地适应相应的环境，会通过进一步学习来改变自身的职业品质，以便能够更好地适应新的职业领域。

三、职业品质的分类

1. 先天品质

先天品质是通过父母的遗传所获得的部分,即使通过后天的努力也比较难改变。先天品质主要包括身体素质,即个人的体质和生理方面的健康。

2. 后天品质

后天品质是通过后天努力可以改变的部分,主要包括以下8个方面。

心理素质:主要是指对突发事件的心理承受能力以及对压力的承受能力,它可以通过后天的训练来获得提升。

政治素质:主要是指个人的政治立场、政治观点以及个人政治信仰等方面的素质,它可以通过后天接受教育来进行提升。

思想素质:主要是指个人对事物的认识、思想方法和价值观念等,它容易受到后天环境的影响而发生改变,可以通过家庭教育和社会教育来获得提升。

道德素质:主要是指个人的道德认识、道德行为和组织纪律方面的素质,它也容易受到环境的影响而发生改变。

科学文化素质:主要是指个人的科学知识和文化修养水平,它可以通过后天的教育来获得提升。

审美素质:主要是指个人对于美的事物的识别和鉴赏能力,以及对于美感的理解力,它可以通过后天的训练得到进一步提升。

社会交往和适应素质:主要是指个人在社会中的人际交往能力和对新环境的适应能力,以及能否熟练表达自我的能力,它主要是靠后天培养而获得的,能够充分地反映一个人的个人能力。

学习和创新素质:主要是指个人对新事物的掌握能力和对相关知识的获取能力,以及创造新事物的意识与能力,它是个人能力的充分体现,可以反映出个人的发展潜力。个人的学习和创新素质并非一成不变的,也可以通过后天的教育来获得提升。

四、职业品质的影响因素

从家庭到学校再到社会生活的方方面面,都会对一个人的职业品质产生影响,而不同的场景会对一个人的职业品质的不同方面产生影响。

对于一名退役军人来说,首先对其职业品质产生影响的地方就是家庭,它更多是对退役军人的身体素质、思想政治素质及道德素质方面产生较大的影响。再接下来就是学校,退役军人在学校中接受学习教育,这会对他们的科学文化素质、学习和创新素质及审美素质等素质产生较大的影响。之后,他们待的时间最长的地方就是军营,军营会对他们的心理素质产生较为深刻的影响,使他们的心理承受力远高于一般人。退役军人进入社会后,接受社会的最终教育,在这里他们的社会交往和适应素质将会受到较大的影响。因此,职业品质的最终形成需要学校教育、家庭教育、社会教育三者相结合,使其各方面都得以提升。

五、职业品质进阶的意义

职业品质很多时候是衡量一个求职者的首要标准,良好的职业品质往往能够帮助员工更出色地完成其负责的工作,因此了解自身职业品质的情况,对缺乏的部分进行补充并进行职业品质进阶是非常有必要的。职业品质进阶的意义如图4-2所示。

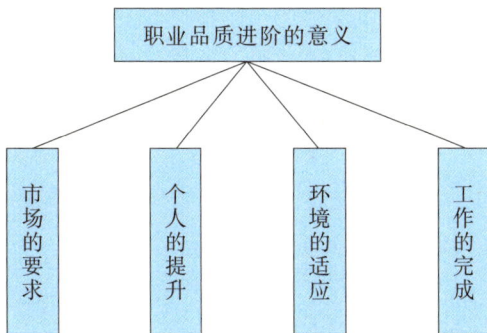

图4-2 职业品质进阶的意义

1. 市场的要求

随着经济的发展和社会生产力水平的不断提高,用人单位对于人才的要求也越来越高。在求职市场中,没有一定的学历或是过硬的实力,很难在众多求职者中脱颖而出,所以个人职业品质的进阶是市场的要求。即便是已经具有多年工作经验的职员也需要通过持续不断的学习来提升个人素质,更何况是刚刚退役还毫无工作经验的退役军人。并且,在信息化时代,只有不断学习提升自身的职业素质才能适应不断变化的职场环境。因此,有意识地去提升自身的职业品质能够有效地增强退役军人在求职过程中的竞争力。

对现阶段退役军人的调查结果显示,退役军人也对个人的职业品质需要提升表示赞同。如图4-3所示,71.37%的退役军人认为敬业负责是用人单位在选拔人才时最为注重的个人品质,同时也有较多的退役军人认为自律踏实、担当上进、忠诚奉献、坚毅勇敢、团结合作这些品质都是用人单位青睐的人才所需要具备的个人品质。

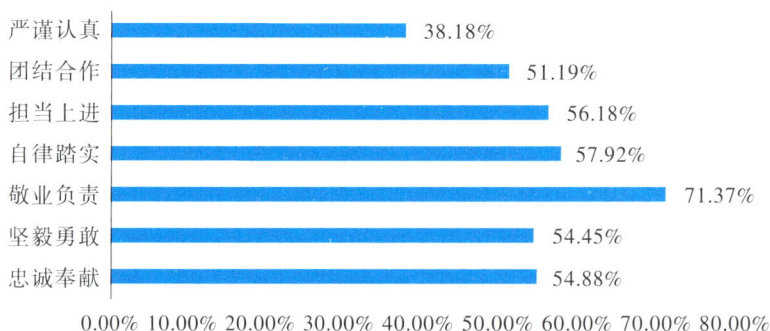

图 4-3　用人单位选拔人才时注重的个人品质

企业所需要的人才不仅要有足够扎实的专业基础知识,还要有良好的职业品质。因为职业品质好的员工不仅能运用专业知识来完成工作,还能在其他方面做得一样好,比如有良好的沟通能力和团队协作能力,能够有效提升企业整体的素质水平。另外,拥有良好职业品质的员工往往具有更大的潜能,在相应的岗位工作中更容易取得成功,并快速获得提升,具有更强的可塑性,因此企业也更偏向于招收那些具有良好职业品质的人才。职业品质进阶能有效增加退役军人在求职过程中取得成功的可能性。

2. 个人的提升

退役军人在多年的军营生活中培养出了吃苦耐劳、纪律严明、有责任感和敬业忠诚等优异的个人品质,这些品质在一定程度上能够帮助他们开展工作。同时,缺少工作经验的他们在职业品质方面的高度也还是不够的。职业品质进阶能够有效帮助他们完成个人的提升,能充分完善他们在职业品质方面的不足,使其成长为更全面更优秀的为企业所需要的高素质人才。

从对退役军人的调查结果来看,如图 4-4 所示,69.20% 的退役军人认为敬业负责是其取得职业成功的关键品质,所以在进行个人职业品质进阶的过程中,退役军人可以着重于提升敬业负责的品质。对于严谨认真这一职业品质,有 41.00% 的退役军人认为是其取得职业成功的关键品质。在提升个人品质的过程中,退役军人需要有意识地注重多方面品质的提升,而不只是注重于某一方面的提升而忽略其他一些重要品质的提升。

许多企业都在反映一个问题,即当前许多求职者都缺乏必要的职业品质,缺少道德素养,缺少责任心与使命感,对于人际关系的处理不够成熟,从而影响到需要团队协作的工作。这就是求职者缺乏职业品质的一种表现。因此,积极进行自身职业品质的进阶,能有效增强退役军人的求职竞争力。提升职业品质可以有效提高人际交往能力和环境适应能力,充分掌握相关的职业技术需求,增强自身的心理素质和抗压能力,以便能够更好地完成相关岗位的工作。

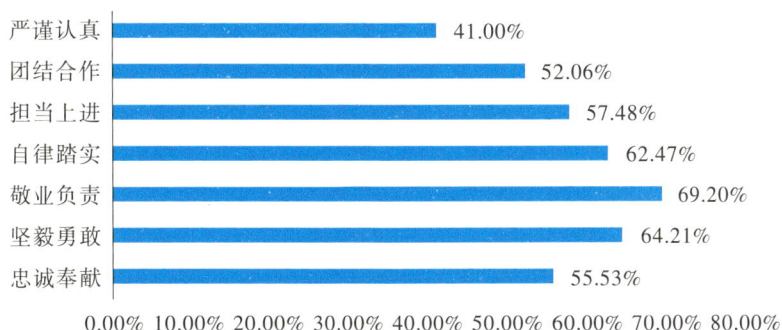

图4-4　退役军人认为获得职业成功的关键品质

良好的职业品质还是个人职业晋升的重要因素。一个人能在职业岗位中脱颖而出，获得成功，其专业知识固然重要，但更为重要的是具有良好的职业品质。一项调查表明：绝大多数人在工作中仅发挥了40%—50%的能力，如果能够受到良好的职业品质提升，就能够发挥出其能力的50%—80%。想在职场中获得晋升，成为一个优秀的领导者，就要做到以下几个方面。首先，肯定要有正确的政治思想和优秀的道德素养，一个三观不正的人是没有办法保证一个部门甚至一个企业的运作的。其次，要有过硬的心理素质，一个领导者如果没有足够强大的心理素质，那么他就无法在企业遇到困难的时候临危不乱，做出最有利于企业发展的决定。最后，要有良好的社会交往和适应素质，一个优秀的领导者势必需要具备快速适应环境并与各种不同身份、不同个性的人进行有效沟通的能力。因此，良好的职业品质有助于退役军人在职业岗位中获得快速晋升。

3. 环境的适应

军人在退役后需要直接投入一种全然不同的、还没有经历过的职场生活，不可避免地需要一段时间的适应过程。而在这段适应过程中，工作效率与工作质量难免会受到影响，因为还没有适应这个陌生的环境，对于环境中的一切事物还不够熟悉。所以退役军人如果具备了良好的职业品质，则能快速适应各种不同环境变化带来的不适，从而提高自身的工作效率。

此外，对环境的适应也代表对于周围人际关系交往的适应。企业中的多数工作都是需要一个小组的人员通过分工合作来完成的，不同部门之间也不可避免地需要进行交流，因此良好的人际关系对于高效地完成工作也是至关重要的。如果退役军人能够快速地适应周边的人际关系，并与周围的人进行良好的沟通与交流，则代表着他们能够顺利完成需要分工协作的工作，不容易在工作中与他人产生不可调和的矛盾与冲突。而企业在招聘员工的过程中，十分偏好擅长人际交往的人，良好的人际关系能够营造良好的工作氛围，从而让员工高效地完成工作。因此，进行职业品质进阶从而提升社会交往和适应素质能够有效提升退役军人在求职过程中的竞争力，使其成为企业偏好的员工。

4．工作的完成

职业品质进阶能够提升退役军人的科学文化素质,这会使他们更高质量地完成相应的工作。科学文化素质的提升,可以使他们更熟练地掌握相应的办公软件,能够提高他们完成工作的效率。

良好的职业品质还能够提升退役军人的学习和创新能力。在这个科技日新月异、快速发展的时代里,知识的迭代速度很快,员工需要持续不断地进行学习来掌握新知识,因此快速掌握新知识的学习能力十分重要。退役军人如果在工作的过程中能显示出更强的掌握新知识的能力以及创新能力,那么就会在岗位晋升过程中具备更强的竞争力。而更多新知识的掌握以及一些新的观点或方法的提出能够使退役军人工作完成的质量更高,从而得到更多的工作机会。

毕俊营听从丁新成的建议,回家后就上网搜索了有关职业品质的内容,了解了职业品质的定义、分类、影响因素等,对职业品质的相关知识有了最基本的掌握。同时毕俊营还发现无论是从市场需求的角度,还是从自我提升的角度,职业品质的提升对于个人的职业进阶来说都是十分关键的,于是他开始思考如何才能够有效地提升自己的职业品质。毕俊营通过上网搜索以及阅读书籍了解到家庭、社会和学校都会对个人职业品质进阶产生不同程度的影响,于是他开始思考自身已经具备的职业品质以及需要继续进行提升的职业品质。

第三节

职业品质进阶现状分析

退役军人大都具有几年乃至十几年的军旅生涯,这对于他们个人品质的塑造具有十分深远的影响。吃苦耐劳、纪律严明可以说是人们对退役军人的普遍印象,而事实上,其具有的优秀品质远不止这些。多年来的实践还有研究都表明退役军人具有一些非常优秀的个人品质。他们在军旅生涯中学习到了各种技能,这些技能使得他们更有能力去从容处理一些突发事件和克服极端环境。

为了了解在退役军人心中哪些品质是其持续具备的以及军旅生涯赋予了其哪些优势品质,本书对退役军人进行了问卷调查。根据调查结果,退役军人大都认为敬业负责是其持续具备的宝贵品质,也是军旅生涯赋予自己的优势品质。而对于忠诚奉献、坚毅勇敢、自律踏实、担当上进和团结合作这些品质也都有较多的人认为是其所持续具备的宝贵品质及军旅生涯赋予自己的优势品质。其中占比最低的一个品质是严谨认真,这说明在多数退役军人心中这并不是其持续具备的宝贵品质,是后续需要进行提升的部分。

一、退役军人已具备的职业品质

1. 吃苦耐劳

军营生活培养出了退役军人吃苦耐劳的品性,这种品性恰恰是现在年轻一代所缺乏的。有了这种品性,退役军人可以克服工作中的绝大多数困难,即便面对特别复杂的工作也可以从容应对,不会轻易放弃。

2. 纪律严明

纪律严明是每个退役军人最基本的品质。在工作中,纪律严明的员工都深受领导的喜爱,特别是需要团队合作时,没有组织和纪律的团队是很难出色地完成相应的工作的,因此纪律严明的品质能够很好地帮助退役军人在合作工作中占据优势。

3. 有责任感

军人们从进入军营、穿上军装的那一刻起就时刻将责任感牢记心中,他们始终牢记着对国家、对民族、对家庭的责任感,即便已经退役,但责任感已经融入了他们的血液,因此责任感是每个退役军人都具备的个人品质。在军营中,他们的责任是家国民族;在工作中,他们的责任就是工作以及他们工作的企业。所以他们对于工作始终会有一份责任感,工作的质量也就能够得到保障。

4. 敬业忠诚

退役军人在工作中会对企业保有绝对的忠诚,不会轻易做出背叛企业的事,也不会泄露企业的重要机密。在军营中敬业忠诚的他们进入了职场,也会努力完成上司所下达的工作任务。

5. 良好的心理素质

面对危险,军人能够临危不乱,淡定从容地解决问题。退役军人在面对工作突发情况的时候,也能够处变不惊,利用良好的心理素质快速地找出方法来解决问题。另外,良好的心理素质也是一个成功的企业家所需要具备的品质。

6. 善于总结

在军营中,军人要做思想汇报和年终总结,在作战中,成功了需要总结经验,失败了需要总结教训。这些很好地培养了军人善于总结的能力。因此,退役军人在工作中也能充分利用善于总结的能力,及时总结工作中失败的原因和成功的经验,以便提升自己的工作能力。

7. 自制力好

军营生活有效地提升了军人们自我约束的能力。这种强大的自制力,能够帮助退役军人在工作中自我约束,使其在面对种种诱惑的时候不动摇,保持清醒,克服种种困难,取得事业的成功。

8. 工作标准高

军营是一个强调高标准严要求的地方,因此军人会时刻用一种很高的标准来严格要求自己。这体现在工作中也是一样,退役军人在工作时也会用高标准来严格要求自己,力求能够高质量地完成工作。

9. 牺牲精神

军人具有很强的牺牲精神,他们愿意为了保家卫国牺牲自己的一切,他们会为了人民的安逸而牺牲自己的安逸。这种牺牲自我的品质体现在工作中就是,退役军人能够始终尽自己最大的努力去完成工作任务,同时保证工作质量。

10. 良好的政治思想素质和道德素质

军人具有良好的政治思想素质,能够保证自己的政治立场始终正确,还具有良好的道德素质,如乐于助人等。因此,退役军人在工作中能够始终坚持正确的思想观念、道德观念,不会做出一些有损于企业形象的事情。

二、退役军人需提升的职业品质

1. 社会交往和适应素质

在军营生活中,军人交流最多的对象就是自己的战友,因此退役军人进入职场中碰到的第一个难关很可能是人际交往的问题。同事之间的相处模式与战友间的相处模式还是有所区别的,后者可能更轻松随性,而前者更偏向专业性和严肃性。另外,在工作中还有很重要的一点,就是要学会与上司之间的沟通与相处之道,以提高工作的完成效率。所以退役军人在寻找工作前,需要提升自己的社会交往和适应素质,以便自己能够更快速地融入新的环境以及与同事融洽地相处。

2. 科学文化素质

现在是一个科技高速发展的时代,几乎所有行业都在向互联网靠拢或与之挂钩,大多数企业的岗位都会对办公软件或是简单的编程软件的使用有所要求。因此,退役军人应该有意识地去培养自己使用办公软件的能力,特别是要熟练掌握一些最基本的功能,使自己在未来的工作中不会因为不会使用办公软件而影响到工作效率。

3. 审美素质

退役军人如果想要从事一些艺术类的工作,那么就需要有意识地去了解当前人们对于事物的普遍审美,以便能够快速抓住大众对于事物的喜好,增强自身的竞争力。同时他们也可以去学校进行学习,进一步提升自身的审美能力,使自己有足够的能力去从事这些工作。

4. 学习和创新素质

有的退役军人可能处于一种比较规整的生活状态,很少会接触一些新的事物,而这种重复的生活很容易减弱一个人的创新能力,比起创造一些新的事物,他们可能更享受这种一成不变的状态。因此,退役军人应该积极去学校或是自学一些新的知识来提升自己的能力。学习和创新素质往往能够帮助他们在工作中产生一些新的想法和思路,并且快速掌握相关的专业知识和技能。

毕俊营在了解到职业品质的基本概念之后,就开始分析自身已经具有的职业品质和仍旧缺乏的职业品质。他发现军旅生涯充分培养了自己吃苦耐劳、心理素质强、敬业忠诚和有责任感等良好品质,这有助于自己的职业生涯得到进一步发展。但是了解了一个优秀的企业中层管理者所需的职业品质之后,他发现自己还缺乏很多该职位所需的职业品质,比如良好的社会交往和适应素质、学习和创新素质、科学文化素质和审美素质等,这些职业品质的缺乏成了他职业晋升道路上最大的阻碍,因此毕俊营开始研究如何才能有效获得这些职业品质,以及通过何种方式可以实现个人职业品质的进阶。

第四节
职业品质进阶的途径

职业品质进阶对于退役军人进行求职来说确实有着至关重要的作用,但是许多人没有进行个人职业品质进阶的意愿,只想通过最简单的方式来找工作,结果努力了一圈才发现做了无用功,浪费了宝贵的时间,又或是有些人有想要提升个人职业品质的意愿,但不知道该从何处下手。

人们都是时刻生活在社会中的,难免会被别人观察与评价,因此身处社会中的个人,除希望自身可以得到发展外,也会期待自己能够得到社会上他人的认可。因此企业对于具备良好职业品质的员工的认可,在一定程度上能够刺激退役军人对自身职业品质提升的需求。

一、职业品质进阶的方式

1. 构建一个激励机制

通过构建一个激励机制,可以调动个人提升品质的积极性。个人形成了提升品质的内在需要后,一定会受到自身意识的影响并产生与之相适应的良好行为,进而通过个人的内化吸收,将这种良好行为自觉内化为自身品质。而当某种品质得到认可后,个人又会产生新的提升品质的需要,因此,个人将会处在一个不断产生需要、不断获得认可又不断产生新的需要的循环往复的过程中。只要有了提升个人品质的思想意识,就能推动个人良好行为的产生。

激励就是激发鼓励,指运用各种方式、方法或手段激发个人动机,调动人的积极性和创造性,使人的内在动力得到增强,从而使个人的思想和行为向着预期目标发展。马斯洛需求层次理论认为人的需求是有高低层次之分的,只有在满足了低层次的需求后,高层次的需求才能在人的需求中占据主导地位。从激励的角度看,不管哪个层次的需求都不可能得到完全的满足,而当需求得到一定程度的满足后人们就会追求更高层次的需求。因此,必须先了解主体的需求的层次,然后满足这一需求,并及时了解其更高一级的需求,只有这样才能使激励发挥更好的作用。美国行为科学家赫兹伯格(Herzberg)的双因素理论将影响满意度的有关因素分为激励因素和保健因素,激励因素是指可以使人得到满足和激励的因素,保健因素是指容易产生意见和消极行为的因素。然而只有那些被称为激励因素的需求得到满足才能调动人们的积极性。同时不具备保健因素将引起强烈的不满,但具备时并不一定会调动起强烈的积极性。美国心理学家弗鲁姆(Vroom)的期望理论认为某一活动对于调动某人的积极性,激发出其内部潜力的激励的强度,取决于达成目标后对于满足个人的需求的价值的大小(效价)和其根据以往的经验进行判断能导致该结果的概率(期望值),即:激励的效果=效价×期望值。

因而,结合相关理论和实践,在实际生活中可以从以下几方面构建激励机制。

一是时时激励,事事鼓励。夸奖和鼓励有利于提高个人的主动性和积极性,比如在适当的场合运用恰当的方式或方法对个人进行表扬,这种肯定性的认可能使其认识到这种行为的正确性,从而满足对个人品质提升的内在需求。

二是建立完善的激励评价方式。在提升个人品质的过程中,应该积极运用各种激励评价方式,无论是在长辈和晚辈之间,还是在同事之间,都没有身份等级之分,只要是有利于提升个人品质的方法都可以加以利用。

三是物质奖励和精神嘉奖并存。通过一定的物质奖励可以调动人们的积极性,但是物质奖励所带来的激励作用的影响力是有限的,精神嘉奖才是长远的激励方式。精神嘉奖容易使个人产生成就感和满足感,内心充满愉悦,从而能够引导个人继续保持良好行为,提升个人品质。

2. 营造良好的进阶氛围

营造良好的进阶氛围,能够提高许多犹豫的人进行品质提升的积极性,是提升个人品质的有效方式。因为人们学习的积极性不是自发产生的,而是需要一定的社会生活条件。用人单位对求职者职业品质的要求,促使退役军人产生了要提升自身职业品质的想法。因此,良好的品质进阶氛围作为社会存在,决定着人们积极进行品质提升的意识。简单来说,当周围的人们都不愿意去提升自身品质时,那么你处在这个环境中,也很难打起精神去进行品质提升,而是会想既然大家都没有在努力,那么我休息一下应该也没事。相反,如果处在一个周围的人们全部都在认真学习,努力提升自身品质的环境中,那么你就很容易受到这种积极氛围的影响,开始进行自身品质的提升,会害怕在这种情况下偷懒的话会落在其他人的后面。

社会可以通过各种渠道和形式来强调个人品质进阶的重要性,激发出人们提升自身品质的积极性,对其积极的学习提升态度进行鼓励。同时企业可以在招聘员工的过程中,对所需员工的职业品质提出更高的要求,以便激励求职者更积极地提升自身品质,从而营造出一种人们普遍进行品质进阶的氛围。

二、职业品质进阶的具体措施

1. 积极参加各类社会活动

对于需要提升社会交往和适应素质的退役军人来说,他们可以通过积极主动地参加各类社会活动来实现这一目标。为了提高自身的社会交往和适应素质,退役军人需要有意识地去增加与社会接触的频率。比如可以通过参与一些志愿活动来提升自己的人际交往能力,以便在工作中能够与同事进行良好的沟通与交流。

积极参与各类社会活动,可以有针对性地提升相应的素质,避免浪费时间与资源。

2. 积极制订学历提升计划

退役军人可以通过制订学历提升计划,积极进入学校参加学习,主动学习相关专业知识,提升科学文化素质,从而有效地提升自身的职业品质。科学文化素质是职业品质中很重要的一类,退役军人通过进入学校参加学习,掌握相关的专业知识,是进行职业品质进阶的一项有效措施。

研究表明,接受教育、参与知识培训、提升学历之后的退役军人的就业成功率要高于退役后直接去找工作的。

3. 提升自身职业技能

研究显示,一大半的退役军人表示找工作的劣势是工作经验和职业技能的缺乏。因此,通过学习一些工作所需的职业技能,培养自身的科学文化素质,从而提升职业品质,能够有效地增加退役军人在就业市场上的竞争力。

4. 阅读书籍提升审美素质

在没有条件去学校进行系统学习的情况下,退役军人也可以通过阅读书籍的方式来提升自身的审美素质,从书中可以总结出职业方面最具有代表性的内容,快速培养起自己对于职业相关内容的审美能力。

毕俊营在了解到自己缺乏职业进阶所需的相应的品质之后,就开始思考要如何培养自己缺乏的职业品质。他先去咨询了相关的就业服务机构,结合专业人员的建议,思考出了相应的职业品质进阶的办法,并制订了相应的计划。他计划购买与职业知识相关的课程,通过在周末观看课程来提升自己的学习和创新素质,掌握与职业相关的知识和最新进展。另外,他还报名参加了一些志愿服务活动,希望通过多与人进行交流来提升自己的社会交往和适应素质。除此之外,在平时工作中碰到不会的操作时,他会有意识地请教行业前辈,以便让自己快速掌握相应的技能。

第五节

职业品质自测

职业品质对于我们从一个领域走向另一个领域有着非常重要的作用,但是怎样才能知道自身是否具备该种职业品质,以及是否需要提升自身的职业品质呢?

首先,可以去当地专业的就业服务机构或是社会保障服务所等接受专业的职业指导,了解自身的职业品质与适合的职业类型。其次,可以通过职业品质测试的方式或自主填写相关的职业测试问卷来自测和了解自身的职业品质以及适合的职业方向。网络上可以找到许多不同类型的职业品质测试问卷,退役军人可以通过做这些测试问卷来了解自身的情况以判断适合自己的职业。本节提供了一些自测题目,帮助大家了解自身的职业品质情况。

请仔细阅读以下问题,根据自身情况回答问题并进行积分,"非常符合"积3分,"比较符合"积2分,"比较不符合"积1分,"不符合"积0分,累积得分越高,说明你拥有的职业品质越好,以及你越能够在工作中获得成功。

(1)在参加工作面试之前,会自行思考面试官可能会提出的问题并进行练习。

(2)会为工作制订计划表,有计划地去完成每项工作。

(3)给别人打电话时,会先询问对方是否方便接听。

(4)已掌握职业所需的基本技能并主动学习新的相关技能。

(5)会有意识地了解职业相关的最新动态,并掌握相应知识。

(6)有阅读与自身职业相关的书籍等的习惯。

(7)在请求别人帮助时会尽量不打扰对方的正常工作。

(8)与同事之间能融洽相处并就工作进行良好沟通。

(9)会为同事提供力所能及的帮助。

(10)能够发掘身边人身上的优点与能力。

(11)在工作中遇到困难会积极想办法解决。

(12)对自己的失误勇于承担责任,而不是首先想到推卸责任。

(13)参加会议或与领导谈话时有做记录的习惯。

(14)有敏锐的市场洞察力。

(15)会当众赞扬别人,不同的意见私下提出。

(16)认为绝大多数同事都是善意的。

(17)在工作中会以最高标准严格要求自己。

(18)有能力与客户进行良好的沟通并提出解决方案。

(19)了解并具备最基本的职场礼仪。

(20)领导交代的事务会及时主动回复。

毕俊营在咨询了专业的就业服务机构之后,又在网络上找到了一份职业品质测试问卷,对每个问题认真地进行了回答,发现自己只得到了一半的分数,这说明自己还缺乏一些职业品质。最后毕俊营对自身的职业品质进行了分析,并找出了相应的提升措施。

参考文献

[1]杨立敏,周伟.如何提升企业员工职业素养[J].商场现代化,2014(13):126.

[2]关俊文.退役军人企业家特质的形成及影响机制研究[D].广州:广东外语外贸大学,2021.

[3]王转利.Z公司知识型员工激励机制研究[D].苏州:苏州大学,2011.

[4]周海波.中小企业员工的项目激励机制研究:以H房地产公司为例[J].财经界,2020(22):108-110.

[5]肖凤翔,马钰.对退役军人职业技能培训项目选择指导的思考[J].教育与职业,2020(5):21-27.

推荐阅读资料

1. 渡边淳一,《钝感力》,青岛出版社,2018年

2. 张晓萌,曹理达,《韧性:不确定时代的精进法则》,中信出版社,2022年

3. 博文,《北大人文课》,吉林文史出版社,2017年

思考与练习

1. 结合目前的工作要求和个人发展需要,思考自己还需要提升哪些方面的职业品质。

2. 回顾职业品质进阶措施,根据自己的实际情况,为自己制订一个职业品质进阶计划。

第五章

退役军人职业通用能力进阶

引　言

继上次成功聘岗成为部门主管后，几年下来，毕俊营也成了交通运输集团里年轻一代的中坚力量，带着部门里的小伙伴们勤勤恳恳、认认真真地完成了集团的几个重要项目，获得了上级领导的一致好评。这次几个项目做完，大家都觉得毕俊营肯干、踏实，还讲义气，对他的能力打心里服气。

眼瞅着这日子一天比一天好，毕俊营那心里可偷着乐呢。这天他哼着小曲来上班，刚进电梯就收到部门八卦小队队长的微信：老大老大，前方战报，今天人事处要发新一轮的岗位变动消息，快上内网看看！毕俊营早就瞅准这次机会，准备好好冲刺一把。他三步并作两步走，赶紧坐到工位上，打开电脑直奔内网。看到置顶的集团内部招聘内容，毕俊营的心里发慌了，这次竞聘中，期待已久的公司经理助理岗要求诸多。之前就听说好几个主管都盯着这个经理助理的职位，本来还觉得十拿九稳的毕俊营不由得横向比较了一番，感觉自己是处于悬崖边缘，晃一晃可就与之失之交臂了。啥也不说了，他赶紧给老大哥丁新成发微信。

丁新成自己开的公司这几年经营得红红火火，他也是大忙人一个。毕俊营挑了个时间，去拜访丁新成，看到丁新成的公司办得这么有规模，他更觉得今天来对了。一进丁新成的办公室，还没寒暄两句，毕俊营就和老大哥说起自己近来的遭遇："丁大哥啊，你这也升级成为顶尖管理者了，你说这老板最想提拔的人才是啥样的啊？"丁新成一听，不由得感叹："后生可畏啊，老弟，你这都要晋升为老板的左膀右臂了啊。到这个阶段，晋升都是神仙打架，想要搏出一条路，那可得全面发展，哪里有短板都不行。这活可细着呢！这职场进阶啊，得讲究理论结合实际，听老哥给你传授修炼心法……"

第一节

职业通用能力进阶基础知识

在职场打拼就如同置身于游戏之中，懂规则、知进退，才能在这场游戏里成为王者。经历了职场"小白"的阶段后，每一个职场人都想快速度过发展瓶颈期，过五关斩六将，进化成为职场"白骨精"。这一过程中，职业通用能力进阶就显得尤为重要。那么该如何提升自我，成功突围呢？

一、职业通用能力基础知识

经历了职场适应期,想必大家对职业能力培训的重要性都有了一定的了解和认可。作为高层管理者,在挑选、培养优秀中层管理者时,大多不仅仅在日常工作中进行观察,还会利用多种科学的模型及体系对其专业能力进行系统性的培养和评价,旨在通过核心能力而非年资、职称、学历来评价员工,这也是业内著名的培训需求分析(Training Needs Analysis,TNA)。这对退役军人群体是非常有利的,他们不仅可以对照理论,了解自身不足,选择合适的培训提升自我,也可以把理论作为选拔、培养下级员工的衡量标准,更可以将其作为了解高层如何选拔优秀人才的途径。机会永远只留给有准备的人,下面我们就以培训需求分析模型为例,更多地了解职场进阶理论。

1. 培训需求分析概述

美国著名管理学大师托马斯·彼得斯(Thomas Peters)在其著作《追求卓越》中表明:"企业或事业唯一真正的资源是人,管理就是充分开发人力资源以做好工作。"20世纪50年代初,企业员工培训开始成为企业人力资源开发非常重要的组成部分。培训需求分析理论应运而生,国内外学者也开始系统性地研究企业培训需求的理论方法。企业培训的目的在于发掘企业员工的智力资本,开发员工的职业能力和发展潜力,培养出符合企业岗位需求、能够帮助企业更好发展的员工。如何科学地构建培训需求是企业培训的第一步,也是重中之重。像毕俊营这样的退役军人能够根据自身理想岗位的需求进行分析,然后有针对性地进行提高的话,对于提升自己的职业能力还是有极大帮助的。或者已是企业高级管理人员的退役军人,在选拔任用年轻骨干时,可以根据模型要求全面分析员工是否具备相应职业进阶能力,为企业建设把好第一道关。目前,国内外理论方法合理、使用频率高的培训需求分析模型有5种,每种模型均有其优劣之处,适用于不同阶段和条件的职场人。下面我们就向大家介绍这5种模型的基本理论和实际特点,方便各位根据自身情况选择最优模型进行自我提升。

2. 培训需求分析模型

国内外常见的培训需求分析模型有培训需求分析经典模型、改进型培训需求分析模型、培训需求绩效差距模型、前瞻性培训需求分析模型和基于胜任力的培训需求分析模型这5种。其中运用较多、实用性较强的是前瞻性培训需求分析模型和基于胜任力的培训需求分析模型。下面,我们就通过基本理论概念和模型图,对其进行分析,大家可以据此分析个人职业通用能力需求,有针对性地提升自己的职业进阶能力。

美国学者特里·L. 利普(Terry L. Leap)和米歇尔·D. 克里诺(Micheal D. Crino)提出了前瞻性培训需求分析模型,将前瞻性思维运用在培训需求分析中是该模型的精髓。该

模型以人为本,不仅仅止步于员工当下的技能培训,还为员工未来在企业中的职业晋升和发展等变化制订培训计划。(见图5-1)

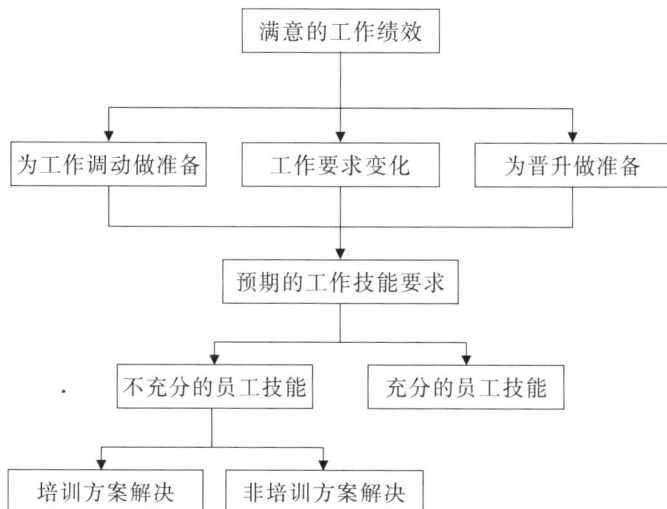

图5-1 前瞻性培训需求分析模型

前瞻性培训需求分析模型充分考虑企业发展目标与个人职业发展规划的有效结合,为企业与个人的发展准备了一个结合点,更具有战略意义。其不足之处在于前瞻性思维或多或少会受个人和企业的实际发展的影响,可能造成预测误差,时间长了还会存在与企业战略目标脱节的可能。

胜任力是专业技能适用的核心技能之一,也是职场员工总体绩效测评的重点内容。胜任力由知识、技能、社会角色、自我概念、特质和动机六大特质组成。基于胜任力的培训需求分析模型对个体和组织胜任力进行了串联,目的在于提升个体的核心技术和运作能力。(见图5-2)

基于胜任力的培训需求分析因胜任力自身的理论体系、模型和测评体系完整,所以运用更为广泛。胜任力中六大特质的结构在评价员工技能水平的同时,还可以建立技能学习行动导向,让员工发现自己的不足之处。其缺陷在于对操作者的专业性要求较高,并且也偏重员工本人发展,对企业战略帮助较少。

目前还没有完全符合所有要求的完美培训需求分析模型,需要根据个人和企业的需求衡量侧重点后再选择性运用。退役军人要了解培训需求分析的重点,据此把控自身的职业发展,提高自身的职业通用能力水平。

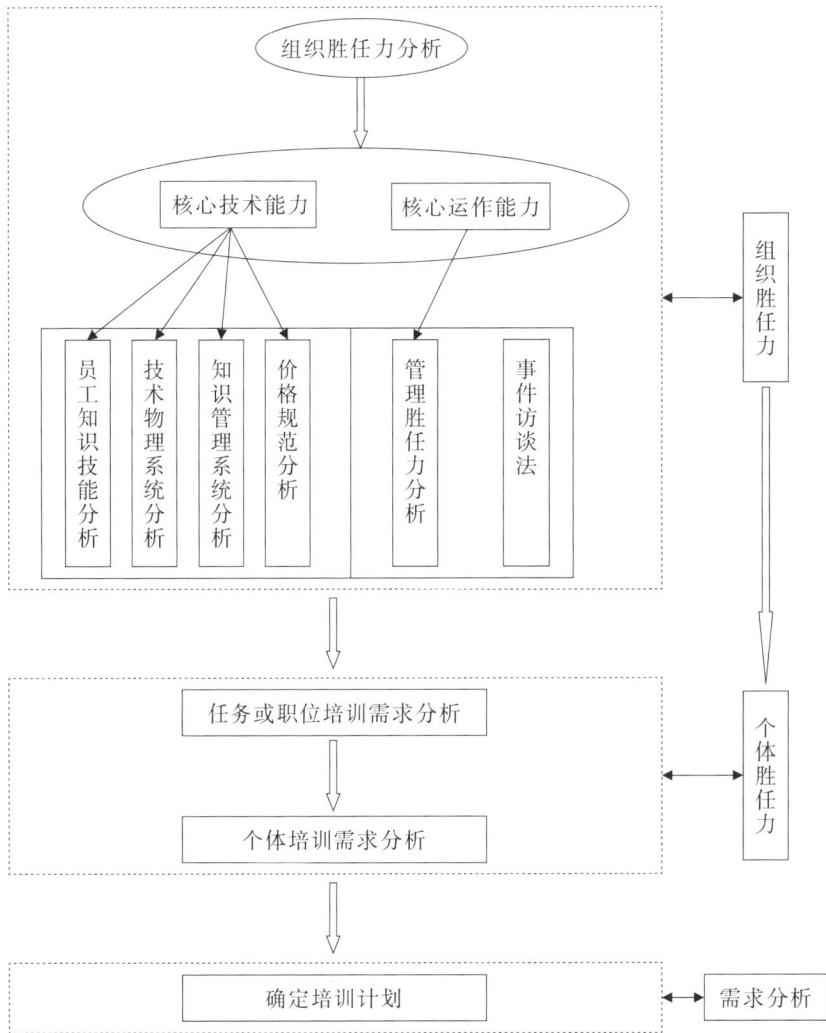

图5-2 基于胜任力的培训需求分析模型

在职业进阶阶段，大部分退役军人已基本适应了职场生活，通过勤奋努力，能够在普通员工中脱颖而出，寄希望于进入中层或储备干部的队伍。职场进阶也形同金字塔，越往上要求越高，能够崭露头角的人越少，竞争也越激烈。相对于职业适应阶段，如何在繁忙的工作之余提升自己的职业通用能力，并不断超越他人，是个人晋升的重中之重，也是培训需求分析方法运用的重点所在。学者都拉（Durra）曾总结，培训需求分析方法的重点在于将培训集中在相关问题上，确保效率，使培训者能够准确地指出培训的需要和厘定培训的目标，协助选择能解决问题的适当策略以及帮助建立培训度量员工行为的准则。由此可见，所有的方法、模型，都是基于提升自我、对应企业战略发展的。

职业进阶阶段的通用能力培养要兼顾企业战略和个人发展，讲求精准高效，找到不足之处,直达病灶,快速对症下药,不走弯路,高效完善自身素质。这也是我们引入培训需求分析方法的目的,即通过科学合理的模型方法,对标行业大环境发展需求,培养前瞻性意识,合理预测未来局势,了解自己的实际工作表现水平和最理想表现水平,将自己打造成符合企业未来发展、具备中层干部要求的合格职场人。能够走过职业起步、职业适应阶段的退役军人,本身已经具备合格的学习能力和职业品质,多年的从军经验也培养了其坚韧、刚强、肯吃苦、有毅力的个人品质。相信通过对培训需求分析模型的学习,同时结合自身多年的打磨锤炼,退役军人可以增进对自身职业通用能力水平的了解,更好地提升自我职业进阶层级。

二、职业通用能力进阶

在对职业通用能力分析理论进行一定的学习后,想必大家对职业通用能力的基本要素已有所了解。学习职业通用能力理论最主要的目的是提升自我,实现职业通用能力进阶,从而迈入更高更好的平台,发挥自身能力,实现自我价值,为自己投身奋斗的企业乃至行业贡献力量。下面我们结合上文的理论来分析职场能力进阶的相关模式和重点。

1. 能级进阶模式

能级是从物理学中借用的概念,类比管理学中的层级现象。原子是由原子核及绕核运转的电子构成的,不同运动轨道的电子具有不同的能量,即能级不同。在现代管理学中,机构和人都有能量问题,根据能量的大小形成各行业的进阶标准,这就是能级进阶。能级进阶模式在城市建设、医护晋升上都有非常成熟的实践成果,在企业管理中也可以作为评价职业通用能力进阶的模式。

能级进阶模式是一种系统性专业能力培养与评价制度,旨在通过核心能力而非仅仅按照年资、职称、学历来评价员工,是根据员工的不同能级来定岗、定级、定责、定薪的一种新型管理模式。退役军人在学历、职称等方面可能不具备很强的竞争力,但实际上个人能力品质可能已达到职业通用能力进阶的要求,所以能级进阶模式适用于退役军人群体。

与上文介绍的培训需求分析模型相比,能级进阶模式的培训需求分析模型更为简洁明了。古尔达(Goulda)等学者将能级进阶模式的培训需求分析模型以坐标轴的形式划分为4个范畴,横坐标为宏观层次和微观层次,纵坐标为表达性需求和工具性需求。(见图5-3)宏观层次代表的是行业整体前瞻性职业能力需求,微观层次代表的是某一具体、特定的职业群体的能力需求。表达性需求指的是有助于提升个人职业综合能力的非专业需求,工具性需求代表的则是通过培训提升的专业技能类知识技能需求。

同时,能级进阶模式的培训需求分析体系,可大致分为Ⅰ级、Ⅱ级、Ⅲ级、Ⅳ级4个需求层级,满足的需求层级不同,对应的能级进阶等级也不同。Ⅰ级为宏观-工具性需求,指的是短期培训可以迅速提升的职业必备基础技能性能力；Ⅱ级为宏观-表达性需求，指的是具有一定长久影响力的、必备的内在素质能力；Ⅲ级为微观-工具性需求，指的是行业对标职业领域内的高级技能性能力；Ⅳ级为微观-表达性需求，指的是具有行业专家水平的技能及对行业宏观政策的把控能力。

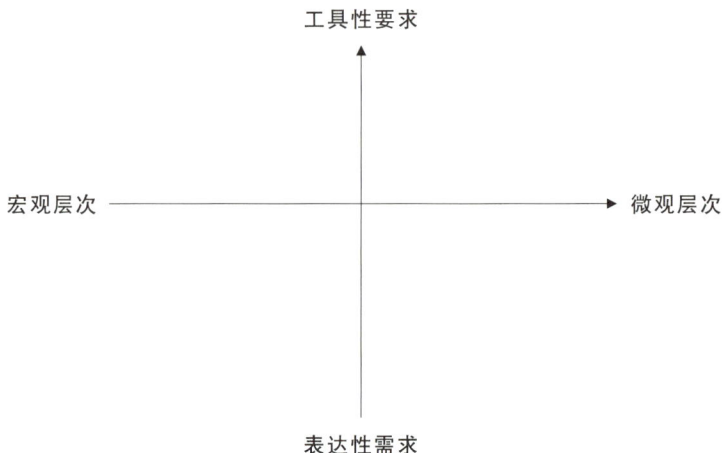

图5-3 能级进阶模式的培训需求分析模型

"隔行如隔山"，职业的差异对于能级进阶模式的培训需求分析模型内容有较大的影响。但从职业通用能力角度分析，职业能力进阶大体上是一个螺旋上升的过程。从4个需求层级看，能级进阶讲求虚实结合、紧密有序，是专业技能和专业素养结合的辩证发展。退役军人可以根据现阶段的自测培训需求分析结果对应4个需求层级，进一步框定自身职业通用能力等级，有针对性地提升自己的职业能力，逐步推动职业通用能力进阶。

2. 职业通用能力进阶重点

随着个人职业生涯的不断发展，很多退役军人进入了事业瓶颈期，职位晋升不再和上一阶段一样，只要努力肯干就可以得到实现。在这一阶段，要明确职业的发展和从业时间的长短并不一定成正比。职业生涯的黄金阶段大多和人生的黄金阶段一致，退役军人在这一时期大多处于成家立业阶段，处于人生的十字路口。如何找寻正确的方向、培养抗压能力、给予自身充分的安全感、拒绝放任倦怠，不仅是职业通用能力进阶的问题，也是退役军人的人生规划问题。

退役军人在职业进阶阶段提升自我会更为困难。这一阶段不同于职业适应阶段：随着年龄的增加以及工作愈加繁忙，日常锻炼的时间被压缩，精力体力自然会有所下降；职位晋升不仅仅代表工资的提高，还代表工作压力和责任的不断增加，留给自己专注提升自我实力的时间被大大压缩；很多退役军人在这一阶段也组建了家庭，需要和配偶一起承担家庭责任，经济压力也不断增加。在这一阶段，做好职业规划，实现职业能级进阶，是提高工资收入、稳定家庭事业的最好办法之一。

任何员工的提拔聘用都是基于企业更好的运行和发展。了解行业风向标和行业特征,分析企业战略和企业经营目标,明确企业的核心技术能力、核心运作能力和企业文化,合理预测和推断符合企业发展要求的基本胜任条件,是职业通用能力的必备素养。

美国成功学学者拿破仑·希尔(Napoleon Hill)说过,人与人之间只有很小的差异,但是这种很小的差异却造成了巨大的差别。在职业进阶阶段,我们的任务就是不断缩小差异,缩小退役军人和其他从业者之间的差距,凸显退役军人的优势。本章节一直强调"需求"这个词语,需求是企业对员工的要求,也决定了个人动机。相信每一名退役军人都拥有和毕俊营一样积极上进的心态,让动机成为最大的动力,完美书写自己的职场进化论。

第二节
常见职业通用能力进阶问题

在职业进阶阶段,退役军人的特质会产生积极的提升作用,但也有小部分问题显现。下面我们就针对退役军人群体的特殊性,将其在职业通用能力进阶阶段常出现的问题进行归纳分析,探讨最为合适的解决办法。

一、退役军人常见职业通用能力进阶问题表现

进入职业进阶阶段的退役军人,大多已掌握了职场的基本生存之道,但这个阶段对细节要求更为严苛,有时候就是那么微不足道的细节决定了成败,所以在通用能力进阶上,把握细节就是把握命脉。对461名退役军人的调查结果显示,60.74%的认为自己在项目管理能力上有待提高,57.92%的认为自己在向上沟通能力上有待提高,49.24%的认为自己在组织领导能力上有待提高。具体数据如表5-1所示。

表5-1　退役军人职业通用能力情况问卷调查结果

选　　项	人数小计/人	比例/%
A组织领导能力有待提高	227	49.24
B项目管理能力有待提高	280	60.74
C向上沟通能力有待提高	267	57.92
D其他有待提高	69	14.97

我们将退役军人在这一阶段常见的问题归纳为组织领导能力欠缺、向上沟通能力低效、项目管理能力薄弱、前瞻性能力不足4个方面，接下来介绍这些问题在工作中的表现形式，观镜如照人，大家可以据此找到自身薄弱之处。

1. 组织领导能力欠缺

退役军人在进入职业进阶阶段之前或多或少都有参与团队、带领团队的经验，但在通用能力进阶阶段，对组织能力的要求不再仅仅是完成团队任务，而是又快又好地带领团队完成任务，这就需要较强的企业团队管理经验和组织能力。对461名退役军人的问卷调查结果显示，在对于自己的组织领导能力方面，49.46%的人会偶尔觉得困难，20.61%的觉得有些困难，4.34%的觉得很困难。具体数据如表5-2所示。

表5-2　退役军人职业通用能力——组织能力情况问卷调查结果

选　项	人数小计/人	比例/%
A没有困难，可以很好地带领团队超额完成任务	118	25.60
B偶尔觉得困难，一般情况下能够按时完成任务	228	49.46
C有些困难，需要花费很多时间才能推进任务	95	20.61
D很困难，不知道如何组织领导	20	4.34

这一阶段退役军人要将自己提升到团队领导者的地位。对于如何在短时间内挑选合适的队员、给予队员多少范围内的职权、团队人数控制在什么范围内既可以完成任务也不会浪费人力、怎样进行工作分配可以使得员工保持高效工作等，都需要进行合理的组织安排，这就是职业进阶阶段组织领导能力的基本要求。

2. 向上沟通能力低效

在职业能力发展的每一个阶段，沟通能力都是必不可少的。职业能力进阶阶段的沟通能力比适应阶段的要更有所提高，讲求技巧和高效。退役军人在职业适应阶段逐渐开始学会职场沟通话术。对461名退役军人的问卷调查结果显示，在对于自己的向上沟通能力方面，只有29.93%的人认为没有遇到困难，其余70.07%的退役军人均出现了不同程度的问题。具体数据如表5-3所示。

表5-3　退役军人职业通用能力——向上沟通能力情况调查结果

选　项	人数小计/人	比例/%
A没有困难，可以很好地和领导沟通，取得理想的反馈	138	29.93
B还可以，偶尔出现问题，总体达到预期	222	48.16

续 表

选 项	人数小计/人	比例/%
C有些困难,领导和我之间沟通不够顺畅	85	18.44
D很困难,不知道如何沟通比较好	16	3.47

在职业能力进阶阶段,由于沟通的对象更多,时常需要把握对方的心理状态,用最短的时间达到最佳沟通效果,所以退役军人需要提升沟通效率,精准把握沟通主动权,及时调整对话节奏,控制沟通时的异常情绪。退役军人多是男性,在沟通中具有以结果为导向、关注自己所谈的问题以及习惯使用肢体语言的特点,因此在职业能力进阶阶段,如何实现高效沟通是他们需要重视的问题。

3. 项目管理能力薄弱

有过管理专业学习经历的退役军人占比很小,退役军人大多都是非管理专业出身,这就导致他们在职业能力进阶阶段,对于企业管理、人力资源管理、组织行为学等管理专业类知识的了解运用有一定欠缺。对461名退役军人的问卷调查结果显示,在项目管理能力方面,只有22.56%的人可以又快又好地进行项目管理,其余的在这一方面都存在一定问题。具体数据如表5-4所示。

表5-4 退役军人职业通用能力——项目管理能力情况问卷调查结果

选 项	人数小计/人	比例/%
A没有困难,可以又快又好地完成项目	104	22.56
B偶尔觉得困难,一般情况下可以按时完成项目	238	51.63
C有些困难,总是会出现问题,不能按时完成项目	103	22.34
D很困难,完全无法控制项目的进度	16	3.47

退役军人在职业适应阶段都已积累了一定的管理实践经验,了解了基础管理的实操。但在职业能力进阶阶段,有扎实的项目管理理论基础知识,在管理团队的过程中及时发现问题,并及时分析问题原因,辅以正确的专业办法解决,才是职业生涯不断发展的关键。退役军人如何在忙碌的工作之余,学习运用管理学知识,也是这一阶段亟待解决的问题。

4. 前瞻性能力不足

在职业需求分析阶段,我们多次提及了前瞻性和企业战略发展方向,这也是进行培训需求分析时企业评判个人能力的重点。退役军人之前由于职业的单一性和发展的局限性,对这些方面的认知应用了解不多,这也就直接导致了他们容易缺乏发展性眼光,对个人未来发展和企业、行业战略方向考虑不多、经验不足。职业进阶阶段对前瞻性思维判断能力的要求有较大的提升。退役军人如果可以正确预判企业和个人发展,选对跑道,在职业进阶阶段也能够少走弯路,提质增效。因此,如何锻炼前瞻性思维,也是退役军人职业进阶能力提升的一大发展性问题。

由上述问题分析可以看出,在职业能力进阶阶段,退役军人仍存在核心竞争力不足的问题,且问题表现具有一定的特殊性。我们相信,既然大家和毕俊营一样能够顺利度过职业能力适应阶段,也可以对症下药解决现阶段的能力问题,打赢这场进阶之战。

二、退役军人常见职业通用能力进阶问题成因

有果必有因,了解问题的缘由所在,才能从根本上解决问题。上文我们归纳了3个职业通用能力进阶问题表象,方便退役军人根据自身情况予以调整。下面我们将结合能级进阶模式的培训需求分析模型,依照组织领导能力、向上沟通能力、项目管理能力、前瞻性能力等四大能力的需求对问题表象进行深层次成因分析,帮助退役军人从源头阻止问题形成。

1. 组织领导能力欠缺:宏观-工具性需求能力不足

上文中提及的退役军人在职业通用能力进阶阶段带团队吃力,需要耗费大量的精力去维持团队合作性,一个项目下来,不论是组员还是组长都心力交瘁的问题,其实反映的是个人在团队领导力方面的欠缺,可归结为宏观-工具性需求能力不足。

退役军人在职场上如果采取的是"好哥们一起出力一起干"的做法,容易造成上下级分工不明确。看见谁做得不够好,不是想着用什么办法提升他的工作能力,或者调整工作负责内容,而是直接去分担他的工作,会造成他人工作上的懈怠,自己肩上的担子也会更重。在职场,团队的人数既不能多也不能少,控制在合理范围内是最有利于团队绩效分配的。在职业适应阶段,组织领导能力尚未凸显出其重要性,但在进阶阶段,退役军人还需意识到自己的组织领导能力问题所在,对症下药,及时弥补基础能力欠缺之处。

2. 向上沟通能力低效:宏观-表达性需求能力不足

在退役军人职业进阶问题中我们也说到了沟通低效的问题,职业进阶阶段对沟通能力的要求和适应阶段的还是有些许区别的。前者指的是在不同的场合把握一切沟通的机会争取到有利的话语权,特别是在向上沟通能力方面,可以对应为宏观-表达性需求能力。

在职场适应阶段,退役军人在克服不善表达、与异性沟通害羞等不足后,需要开始考虑如何提升自我的话术水平,将"可以沟通"推向"高效沟通"。在职业进阶阶段,退役军人之前的沟通方式已不足以应付当下的交流环境,如何提升自我沟通软实力就是宏观-表达性需求能力了。

3. 项目管理能力薄弱:微观-工具性需求能力不足

上文提及了退役军人在职业通用能力进阶阶段所遇到的管理专业知识不足的问题。相较于职业适应能力阶段的学习适应力,现阶段对学习能力的要求更有针对性和专业性,特别是在项目管理能力,即微观-工具性需求能力方面。

对退役军人而言,学历提升的重要性不言而喻,不过在职业能力进阶阶段,学以致用才是关键。多数退役军人对于管理专业知识和能力的了解停留在职业适应阶段,在进入进阶阶段后难免出现管理知识薄弱、管理能力不足以及管理流程混乱等问题。

4. 前瞻性能力不足:微观-表达性需求能力不足

能级进阶模式的培训需求分析模型中,微观-表达性需求指的是具有行业专家水平的技能及对行业宏观政策的把控能力,对应的问题表现为上文描述的前瞻性能力不足。对行业未来发展方向和企业战略方向摸不透,会造成退役军人在职业通用能力进阶阶段找不准能力发展方向,在快节奏里走弯路。

有的退役军人在职场中会有过度依赖领导指示、不主动分析企业战略、不会预判行业发展前景的情况。虽然微观-表达性需求能力在日常工作中很少直接显现在个人绩效上,短期内很难发现其重要性,但它在职业进阶过程及进阶后的发展中一直起着隐性影响的作用。因此,微观-表达性需求能力相对于其他能力而言,是一个需要较长时间才能看到成效的能力,但其影响力举足轻重。

三、退役军人常见职业通用能力进阶问题的可能后果

进入能力进阶阶段后,每一个退役军人都铆着一股劲想再冲一把,为自己的职业生涯争取更好的职位和薪资,这也是每一个职场人的梦想。退役军人如果不及时重视各种职业通用进阶能力的培养,很有可能会因为一个小问题错失机会。想要职业进阶道路一路绿灯,发现自身能力进阶问题并及时弥补很关键。下面我们就上文中提及的几个问题及成因,对现实后果进行预判。正视问题的可能后果才能有效防止问题的发生,从根源上消灭职业进阶道路的"拦路虎"。

1. 组织领导能力不足,团队成绩难达标

组织领导能力是职业必备基础技能性能力之一。组织领导能力低效,会直接导致团队部门工作流程混乱,绩效达标率低。一个项目走下来,可能上至团队领导下到基层员工都付出了日日夜夜的努力,结果成绩远不如预期,这就可以归结为团队领导者的组织领导能力不足。

领导在选拔人才时,往往很少考虑外在因素的影响。在职业进阶阶段没有太多的试错机会,作为未来的中层干部,如果连部门团队都无法带出成绩,会在考核时给上级领导

留下不好的印象,失去领导的信任,个人也很有可能就此错失晋升机会,很难有翻盘重来的时机。拥有较强的组织领导能力不仅会让上级对你青睐有加,也会让你获得团队成员的高度认可。在职业进阶阶段,拥有领导的赏识会被给予更多的表现机会,但平级同事的欣赏和下属的认可,也是工作可以顺利推进的重要因素。能够很好地组织下属和同事共事,让他们打心眼里佩服你的工作能力,愿意努力工作,你也会在进阶过程中获得更多的支持。如果在组织工作中难以让下属信服,哪怕是职位有所晋升,也会处于"光杆司令"的状态,难以推进后续工作。长此以往,不仅工作无法顺利开展,还会致使心理处于高压状态,对自我能力产生怀疑,这样容易引发心理问题,得不偿失。

2. 向上沟通能力不足,错失晋升机会

职场沟通能力自职业准备开始,就是我们强调的重要能力因素之一,这个能力会贯穿整个职业生涯,在各个阶段显示出不同的作用。在职业通用能力进阶阶段,退役军人与他人的沟通内容如果还是只停留在日常工作、个人汇报范畴,对于商务谈判、圆桌会议等依赖高效沟通达成目的的职业方式应用不熟练,那就意味着会错失展示自我能力的机会,难以融入中高层职业状态,从而在职业晋升中错失机会。

职业进阶阶段的沟通,在表达准确的基础上对时间和内容都有更高的要求。例如在商务谈判中,既要在合适的时间抛出重点,也要能够精练双方的主旨,快速了解对方的真正意图,并及时做出回答,配以情绪、语气营造气氛。如果沟通中某一步没有及时做出正确反应,一步落后就有可能将自己推入被动状态,难以获得预期效果。越是重要的会谈,越是时间紧任务重,高效沟通是会谈者最期望看到的。如果不具备这样的能力,就会很容易跟不上大家的节奏,造成沟通理解的错位,时间一长必然会对工作产生负面影响。

3. 项目管理能力不足,专业知识薄弱

当代社会竞争压力大,优秀人才辈出,职场新人的水平也在不断提高,这就要求领导层也必须与时俱进,不断充实自我的专业知识,才不会被社会和职场淘汰。在职业进阶阶段,管理知识及应用成为必备项,这项能力不足的领导是无法带领企业正向发展的。

退役军人如果不重视后期的专业知识学习,在职业通用能力进阶上有明显欠缺,面对学历背景良好的年轻大学生,会很难赢得其尊重,在管理上必会造成一定困难。同时,面对部门团队出现的客观问题,如果不会运用管理学知识进行分析,找出原因所在,并辅以科学方法改进,那么小问题会像滚雪球一样,越来越大,部门团队的工作绩效、人力资源运用都会因此出现问题,并且难以快速解决。如果能力不足还是一味讲求职位的高低虚名,工作不出成绩,届时定会感受到来自上级领导和下属员工的双重压力,这时再去寻找科学方法则为时晚矣。

4. 前瞻性能力不足,职业发展不顺畅

作为职业进阶能力的最高等级需求能力之一,前瞻性就好比在十字路口选方向:眼光

好的选了一条直线大道,一通到底,轻松顺利;对未来预判有误,就像弯弯绕绕走小路,时间长费力多,半路容易遇到意想不到的问题,最后还不知道能不能顺利抵达目的地。

相信退役军人在这么多年的人生中,做出的重大选择不在少数。能够顺利到达职业进阶阶段的,回望过去应该也能体会到在人生岔路口进行选择的重要性。在职业环境中,大多可以根据国家最新政策、行业国际形势、企业内部格局、自我职业定位进行合理的综合性考虑,这不是碰运气,而是对职业的了解和把握深入到位的体现。各行各业都提出过"选好赛道"这个概念,在正确的发展道路上努力,才能够事半功倍,赶超他人。

通过对退役军人群体在职业进阶阶段可能出现的通用能力进阶代表性问题及其原因、后果的剖析,不难看出退役军人在这一阶段的发展还是会面临许多问题,问题的难度也在不断增加,职业发展之路任重而道远。相信经过这番分析,同毕俊营一样有理想有抱负的退役军人可以意识到职业进阶能力提升的必要性和紧迫性,并愿意为之努力,完善自身。第三节我们就针对退役军人在职业通用进阶能力阶段出现的问题,匹配相应的科学方法,帮助大家解决问题,赢在职业进阶阶段。

第三节
职业通用能力进阶重点方法

每个职场人都有一个精英梦,梦想有一天在城市中央商务区的办公楼里挥洒青春热血,在谈笑风生间就能创造出令人瞩目的工作成绩。相信退役军人们也想通过自身努力跻身职场精英行列。前文中,我们对退役军人在职业通用能力进阶阶段所产生的常见问题进行了多层次多方位的分析,并引入了能级进阶模式的培训需求分析模型,让大家对自身阶段性能力及需求都有了一定的把握。下面,我们就根据问题介绍相应的科学方法,让退役军人可以有针对性地提升自我能力,并辅以STAR[①]结构举例说明,让方法照进实践。

一、组织领导能力提升

在能级进阶模式的培训需求分析模型中,我们在宏观-工具性需求能力中挑选了具有代表性的组织领导能力作为进阶能力的入门基础,着重强调了组织领导能力在这一阶段的重要性。麦肯锡公司流传这样一句话:"请记住,你不可能将整个海洋煮沸!"面对复杂的工作项目,如何驾驭团队人才,让团队成员为"我"所用,创造出应有的价值,是每一个职

---

① S即Situation(情景),T即Task(任务),A即Action(行动),R即Result(结果)。

业进阶人应该掌握的能力。

1. SHAPR理念

团队协同是团队的本质性特征,指的是团队在生产、营销、管理等不同环节、不同阶段、不同方面相互配合而产生的整体效应。企业皆以盈利为主要目的,招进来的员工多是在不同项目、不同领域有一定能力、技术的专业人才,让人才在团队合适的位置上发挥自身特长优势、相互协同工作,打造没有短板的团队,是SHAPR理念的主要功用。该理念主要包含5个方面,分别为:

S(Strength):优势。选对人才能做好事。每个人都有擅长的专业方向和不同的性格特点,团队领导者在组建团队、分配团队任务时应该充分考虑到员工的个人情况。对团队员工提前进行谈话了解,或侧面打听观察他们的行事作风,切记要扬长避短。

H(Health):健康。健康是团队稳定持久的法宝。这里的健康不仅仅是指团队成员的身心健康,还指团队要保持健康的思路、健康的理念、健康的人际关系、健康的执行方式和健康的时间效率。积极健康的团队构建贯穿团队准备到项目结束,是领导者的主要把控任务。

A(Absorption):专注。一切事物的成功都离不开专注。团队全员进入专注状态,在项目中投入全部注意力,是项目在层层困难中得以坚持的力量来源。团队领导者带领全队人员进入专注的工作状态,可以激发个人潜力、大大提升效率。

R(Relationship):关系。注重团队内部沟通。团队建立的初衷就是汇聚各方面人才的力量,达到超越个人能力的层次。领导者在团队工作中要及时了解实际情况,适时调整员工的工作内容及薪酬,做好人性化管理,激发团队的凝聚力及竞争力。

P(Purpose):目标。贯彻"共同目标"理念。目标明晰,通往目标的道路也就明晰。团队领导者作为团队的核心,传达目标时一定要清楚明确,并且要让员工认同目标及道路,清楚个人定位和职责,这样团队工作才能稳定高效。

团队要想成绩出众,离不开一个优秀的领导者。领导者在实操中能够熟练运用SHAPR理念,做到团队设计流程合理、团队成员定位明确、团队工作劳有所得、团队合作关系融洽,相信这就是一个真正高效稳定的团队。

2. 团队成员联系点公式

在上文中我们也提及了团队成员控制问题。大家在团队合作中可能有一个固化印象,就是一个团队的人数应该是越多越好,或者是人才越多越好,大型团队人多力量大,能做的事应该更多,花费的时间也应该相应地短一些。但在实际调研中发现,人多并不是团队成功的必要因素,麦肯锡在团队人数控制中讲求"比萨原理",即一个团队的人数应该刚好是分吃1张比萨的人数,即为6个人。因为人数越多,团队成员间的联系点就会成倍数增加,工作效率反而降低。

团队成员联系点＝N×（N－1）÷2,其中 N 为团队人数。

由该公式可以得出,一个6人的团队将产生15个联系点,一个15人的团队就将产生105个联系点。一旦联系点的数量超出了控制,将会出现成员沟通困难、团队协调难度增大、团队效率低下等情况,这会对团队工作产生负面影响,团队成员会互相推诿,分配的薪资也会变得低下,项目也会因此陷入僵局。麦肯锡的6人小组概念讲求的并不只是团队一定要控制人数,而是要将人多力量大的规模观念转变为明确分工职责。每个人分到的那块比萨,里面包括什么职责范畴都应该有所明确,在团队人员数及分工合理的情况下,成员会更加专注于个人工作范畴,团队配合紧密,薪酬分配上也会令成员更加满意。所以,在团队构建中,精简或许会强过繁复,保持团队的活力和效率,才是团队成功的关键。

在介绍了2种提升团队能力的方法后,我们不妨将方法引用到实际之中。这里我们采用 STAR 结构进行实例模拟。

S:领导安排了1个项目,让你负责与一家大型广告公司合作本年度公司的新产品推广宣传,要在1个月内和广告公司一起对本年度宣传达成一致。

T:首先要建立公司公关团队。

A:根据现有公关部人员配置,参考团队成员联系点公式,设定本次团队人数范围在6—10人,联系点不超过45个;参考 SHAPR 理念选出团队成员,确定本次工作目标是在现有手机自媒体网络发达的背景下,在抖音、B站、小红书等进行多方面的宣传;分配成员跟进视频内容策划、拍摄方案、预算报价、网站宣发、后期新闻推送等多个细节的工作安排;建立小组联系,增进各成员之间的沟通联系;定期开展组会,厘清各成员工作内容及进度,实时进行调整,保证项目目标的准确性。

R:根据团队进度不断调整目标,达成最终合作计划。

二、项目管理能力提升

在能级进阶模式的培训需求分析模型中,针对退役军人群体,我们建议以丰富个人的管理学知识来提升个人的管理能力,完善个人的宏观–表达性需求能力。在管理能力进阶阶段,退役军人面对的大多都是上级领导安排的项目型工作,这对个人的组织领导能力、项目管理能力和计划执行力都有一定的要求。要想在项目型工作中突出重围、展现个人的职业能力,就不得不以科学的管理知识来武装自己。下面我们就引入管理学的专业方法,帮助大家在实操中战胜困难。

1. PDCA 循环

PDCA 循环是美国质量管理专家沃特·A.休哈特(Walter A. Shewhart)首先提出的,由 W. E. 戴明(W. E. Deming)采纳、宣传,并获得普及,所以又称戴明环。全面质量管理的思想基础和方法依据就是 PDCA 循环。要想实现高效管理,就必须借助 PDCA 循环审视工作,并做出改进。

PDCA 循环是指将管理分为 4 个阶段,即 Plan(计划)、Do(执行)、Check(检查)和 Act(处理),总体连成一个环形,随着环形的顺序不停进行运转。(见图5-4)

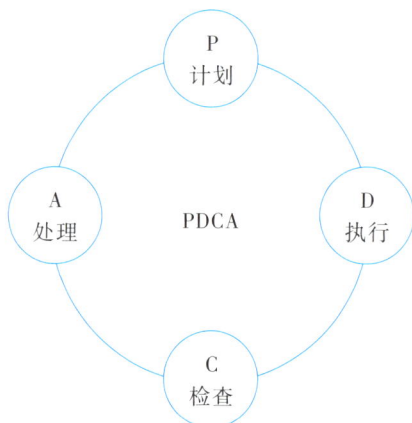

图 5-4　PDCA 循环图

PDCA 循环的具体阶段如下:

第一阶段:制定管理计划、确定目标等。

第二阶段:按照管理计划的要求,设计具体的方案、方法和运作,对计划具体化、细分化。

第三阶段:总结管理计划的结果,从目标完成度、过程得失等方面,找出问题、原因,并相应地提供解决方案。

第四阶段:对总结检查的结果进行处理,根据实际情况对方案和计划进行修订,并予以标准化。

PDCA 循环是一个闭环循环的简单模式,并不会因为流程走到处理阶段就结束,而是会将未解决的问题继续带入下一个管理循环中去解决,如此以往,整体管理水平就在不断地螺旋式上升中。我们可以理解为在推进事项时,先做好计划,然后在实际操作中,检查执行是否符合预期目标,找出问题并提出解决办法,对总体进行处理,修订原计划方案,再对新计划进行实际操作……PDCA 循环是一个持续改善管理能力的工具,可以使管理者的思路和工作步骤在模型的推动下更具条理性、系统性和科学性。在职业通用能力进阶阶段,涉及管理能力水平提升之处比比皆是,PDCA 循环实际是通过模型将个人管理过程进行梳理,让使用者学会计划性管理、总结问题和分析原因,从而改善管理思维,提升工作效率。相信在 PDCA 循环的帮助下,退役军人能够养成良好的管理思维,在管理工作中获得成功。

2. WBS任务分解法

在接手项目型工作时,处于职业能力进阶阶段的退役军人面对体量不同以往的项目内容和团队组织,往往也会无从下手。WBS任务分解法可以很好地分解任务,提高组织的执行力。WBS全称是Work Breakdown Structre(工作分解结构),每个单词分别对应了任务分解的不同阶段:

Work(工作):能够产生有形结果的工作任务;

Breakdown(分解):将任务进行逐步细分和分类的层级结构;

Structre(结构):按照一定的模式组织各个部分。

WBS任务分解法就是将一个整体工作分解为小部分,再逐一分配攻破,最后组合成结果呈现。在使用WBS任务分解法时,最大的问题莫过于如何将工作分解,这里我们介绍4种常用的分解方法,辅助退役军人操作。

第一种是自上而下法,也是最为常见的方法。从项目最大的单位开始,逐一向下分解出子单位,通过不断分解细化工作任务。例如我们以职位作为分解单位,从项目主管分解为财务专员、行政专员、技术专员等二级管理人员,再将二级管理人员细分为财务专员负责价格管理、经费来源、付款支出,行政专员负责人力资源、绩效核定,技术专员负责某项技术设计、操作、审核。我们可以在实操中通过流程图来展示这种分解,这样每个人对应的工作职责、范围、权限便一目了然了。

第二种是自下而上法,简单来说就是把自上而下法反过来,在项目设定开始时,先规定好每个人的工作职责、范围和权限,各人负责的部分完成后,再组合拼接成完整的项目。自下而上法适用于各人职责推进缓慢、执行混乱的管理结构,可以很好地改善组织中个人的职业执行力。

第三种是类比法,即在接收到新项目时,参考以往类似项目的完成方案,比较2个项目的异同之处,根据同类比较结果在细节上调整任务规划。这好比站在巨人的肩膀上,更容易将任务做得出彩。这个方法适用于有一定项目管理基础的管理进阶人员。

第四种是指导方针法。该方法是基于公司项目的规划请专业的咨询公司提供既定的项目建议书。项目建议书就如同说明书,对每一个细节都有规范性的划定,使用者根据规范匹配相应的人员和构架即可。

在管理能力进阶阶段,合理运用科学管理思维,辅以项目分解方法,相信退役军人可以很快上手项目管理工作,在管理中不出大岔子。但仅靠这些肯定是不足以应付所有项目管理工作的,退役军人还需在实践中发现问题,及时找寻解决方法,丰富个人的管理经验。下面,我们还是将这些方法带入实际案例中,用STAR结构进行实操分析。

S:领导安排你负责本年度企业一个新产品的开发。

T:首先将本次新产品项目进行WBS任务分解,并利用PDCA循环制订个人工作计划。

A：将新产品开发分为市场销售、产品研发、生产控制和物料控制，分别对应到下级部门，如销售部、研发部、生产车间及物控后勤部门。

PDCA循环：每天按照新产品开发流程制订"计划—执行—检查—处理"的管理办法，对出现问题的部门继续进行PDCA循环分析，直至找出影响管理进度的问题，并及时修正。要求各部门也进行PDCA循环分析，并提交分析报告，以对各部门工作细节有所把控。

R：在本次管理行为结束后，对整体进行复盘，写好总结笔记存档，以便下次遇到类似项目可以参考。

三、向上沟通能力提升

在能级进阶模式的培训需求分析模型中，我们选择向上沟通能力作为微观-工具性需求的职业进阶能力代表，是因为无论在何种进阶工作环境下，外在显现的沟通能力都是领导对个人的第一印象，对今后职业发展起到决定性作用。工作是与他人交涉的过程，为了用最高效的沟通达到目的，职场人要有良好的逻辑思维能力和文字驾驭功底。我们将分别介绍3种向上沟通方法，帮助退役军人提升个人的向上沟通能力。

1."30秒"电梯法则

麦肯锡公司对大量数据进行分析后提炼出了此种沟通法则。所谓"30秒"电梯法则指的是用强有吸引力的方式，简明扼要地阐述自己的观点，并且必须获得认可和成功。麦肯锡公司要求员工在沟通时直奔主题，在最短的时间内明确表达自己的观点。

在职业进阶阶段，我们和上级领导汇报沟通的次数增多了。上级领导每天工作量大，时间紧凑，虽然详尽细致的汇报可以展现项目全貌，但是他们并不需要了解如此多的细节，而是更想明确重点和结果。如果不能在短时间内表述清楚，说明项目方案本身不具备实操性。"30秒"电梯法则要求，沟通可以从目标、过程、结果3个方面进行表述，每个方面不超过1句话。要想在"30秒"内清楚表达中心，前提是必须具备缜密的思维逻辑、过硬的语言功底、强有力的表达能力。这也是向上沟通能力的基础，可以很好地提升双方的决策速度。

2. 黄金三点论

黄金三点论是一个帮助大家找准思维逻辑的方法，也叫"一二三法则"，指的是任何沟通都可以按照"一、二、三"这3点来谈，不同的是切入角度和层次划分。例如，可以按照流程顺序划分先、中、后，按照时间顺序划分初期、中期、末期，按照人物对象划分本人、对手、三方，等等。黄金三点论特别适用于即兴发言或口头总结，可以快速组织思维、捋清语言逻辑，使表达清晰有条理、简洁有说服力，可应用范围广泛，实操性很强。

黄金三点论相较于其他方法而言，能使言语的表达更有层次感，不会话术堆叠浮于表面,也不会浪费时间,能让人感受到个人思考的深度和广度,给人以干练、缜密的印象,也符合退役军人本身讲求语言直接精简的表达观念。退役军人可以多多自我模拟,熟练掌握黄金三点论,让自己在任何场合都有话说且说得有水平。

3. 沟通4P法则

在走访调研中我们发现,不少退役军人表示由于自己本身性格内向,不善表达,在职场沟通中屡屡受挫,所以变得更为内向,对职场沟通有一定的逃避心理。对于有这类情况的退役军人,我们建议使用沟通4P法则去提高个人的沟通能力,以逐步走入职场沟通能力进阶阶段。沟通4P法则是经过国际咨询公司长期实践发现的,特别针对性格内向的人设定的提升方法,其中包括:

Plan(准备):提前做足准备。

Performance(表现):自信地展示自我。

Push(推动):改善个人的恐惧心理。

Practice(练习):多进行个人展示。

沟通4P法则是一个循序渐进的过程。在准备阶段,它要求我们提前准备足够的谈话资料,能够和对方在谈话过程中有所互动,就是平时大家说的,别人说的话"接得住"。在表现阶段,它讲求的是获得对方的好感,让对方愿意听你说。展示的最好方法之一就是让别人注意到你的存在。可通过平时观察擅长交际者的行为和形象打扮,进一步管理好自身形象,提升个人魅力,增加他人与你沟通交流的欲望。还要推动自身战胜性格弱点,鼓起勇气追求个人的职场目标,迫使自己发挥潜能离开舒适区。有时候恐惧交流只是因为自身不断放大了恐惧本身,事实上交流反而会成就更好的自我。任何缺点的改善都离不开练习。有针对性地训练自己的表达能力,提升语言能力,在不断的沟通表现中找回自信,是从根本上解决不敢表达的方法。

同样,在介绍了3种向上沟通方法后,我们也将其运用于模拟案例中,并运用STAR结构进行分析。

S:你有意向与行业"大牛"公司取得项目合作,但对方公司高层非常难约,几次和对方公司秘书沟通均无果,秘书言语中透出一丝婉拒的意思。恰巧你打听到下周对方公司高层将参加一个行业会议,你准备尽力一搏,在会议上和对方公司高层获得谈话机会,争取合作意向。

T:利用会议茶歇的几分钟,让你方公司领导引荐,用最短的时间说明合作项目重点,取得对方公司高层领导的合作意向,让对方愿意与你方进一步沟通项目细节。

A:在碰面前抓紧时间武装自己,熟悉沟通4P法则,全面提升个人语言形象魅力,避免在和对方公司高层接触时被马上拒绝。运用黄金三点论组织语言,将项目内容的初期—中期—末期优势进行梳理,做到表达清晰有条理,具有说服力。最后,采用"30秒"电梯法则精练语言,浓缩项目重点,突出结果,并多次与同事进行模拟,找出不足之处,完善自身。

R:经过充分准备和多次模拟后,在最终面对对方公司高层领导时毫不慌张,简要介绍项目,以优势和亮点赢得对方的兴趣,获得进一步洽谈的机会。

职业通用进阶能力的提升是一个循序渐进且伴随职业进阶发展的长期过程,其间退役军人会在不同的阶段遇到不同的职业能力进阶问题。以上几种通用进阶能力提升方法具有一定的适用性,相信可以帮助像毕俊营一样有理想有抱负的退役军人走向职业精英之路。在职业通用能力进阶的道路上,也希望大家可以不断发现自身存在的问题,找出相应的解决方法,以完善自我的方式走向职业更高处。

第四节

职业通用能力测评问卷

职业通用能力自测表

以下每一道测评题都是有关职业行为与能力的描述,请在阅读每一个描述后,根据你自身的情况,逐条在从A(完全不符合)到G(完全符合)程度逐渐加深的7个尺度上给自己打分。你的回答没有对或错,不要为了任何一个描述花太多的时间去考虑,但所给的回答应该是你对自己的真实评价,请不要遗漏任何题目。测评共40题,约需要20分钟。

(1)能够很好地理解工作目标及关键问题。

    A. 完全不符合   B. 大部分不符合   C. 有点儿不符合   D. 不太确定

    E. 有点儿符合   F. 大部分符合   G.完全符合

(2)我的悟性较好,对问题有正确、独到的判断能力。

    A. 完全不符合   B. 大部分不符合   C. 有点儿不符合   D. 不太确定

    E. 有点儿符合   F. 大部分符合   G. 完全符合

(3)别人都特别敬佩我的分析归纳能力。

    A. 完全不符合   B. 大部分不符合   C. 有点儿不符合   D. 不太确定

    E. 有点儿符合   F. 大部分符合   G. 完全符合

(4)一般情况下,我总是很清楚完成某个任务需要什么样的信息。

    A. 完全不符合   B. 大部分不符合   C. 有点儿不符合   D. 不太确定

    E. 有点儿符合   F. 大部分符合   G. 完全符合

(5)对一件事情,我总能想出多种方案,供自己比较选择。

    A. 完全不符合   B.大部分不符合   C. 有点儿不符合   D. 不太确定

E. 有点儿符合 　　 F. 大部分符合 　　　　 G. 完全符合

(6)我能很好地应对突发事件,经常急中生智。

　　A. 完全不符合 　　 B. 大部分不符合 　　 C. 有点儿不符合 　　 D. 不太确定

　　E. 有点儿符合 　　 F. 大部分符合 　　　　 G. 完全符合

(7)遇到一些新的东西,我经常会主动搜寻相关信息以增进了解。

　　A. 完全不符合 　　 B. 大部分不符合 　　 C. 有点儿不符合 　　 D. 不太确定

　　E. 有点儿符合 　　 F. 大部分符合 　　　　 G. 完全符合

(8)不墨守成规,有创新精神和创造性地解决问题的能力。

　　A. 完全不符合 　　 B. 大部分不符合 　　 C. 有点儿不符合 　　 D. 不太确定

　　E. 有点儿符合 　　 F. 大部分符合 　　　　 G. 完全符合

(9)能够较为成熟、全面地考虑问题,有一定的思想深度。

　　A. 完全不符合 　　 B. 大部分不符合 　　 C. 有点儿不符合 　　 D. 不太确定

　　E. 有点儿符合 　　 F. 大部分符合 　　　　 G. 完全符合

(10)对一些新的、细微的内容有比较好的敏感度和洞察力。

　　A. 完全不符合 　　 B. 大部分不符合 　　 C. 有点儿不符合 　　 D. 不太确定

　　E. 有点儿符合 　　 F. 大部分符合 　　　　 G. 完全符合

(11)了解社会现象和时事,知识面广。

　　A. 完全不符合 　　 B. 大部分不符合 　　 C. 有点儿不符合 　　 D. 不太确定

　　E. 有点儿符合 　　 F. 大部分符合 　　　　 G. 完全符合

(12)不人云亦云、唯命是从,有自己的思想。

　　A. 完全不符合 　　 B. 大部分不符合 　　 C. 有点儿不符合 　　 D. 不太确定

　　E. 有点儿符合 　　 F. 大部分符合 　　　　 G. 完全符合

(13)有丰富的想象力。

　　A. 完全不符合 　　 B. 大部分不符合 　　 C. 有点儿不符合 　　 D. 不太确定

　　E. 有点儿符合 　　 F. 大部分符合 　　　　 G. 完全符合

(14)我很喜欢参加社交活动,我感到这是交朋友的好机会。

　　A. 完全不符合 　　 B. 大部分不符合 　　 C. 有点儿不符合 　　 D. 不太确定

　　E. 有点儿符合 　　 F. 大部分符合 　　　　 G. 完全符合

(15)在工作小组中有一定的影响力,不自觉地充当领导的角色。

　　A. 完全不符合 　　 B. 大部分不符合 　　 C. 有点儿不符合 　　 D. 不太确定

　　E. 有点儿符合 　　 F. 大部分符合 　　　　 G. 完全符合

(16)诚实守信,值得信赖。

　　A. 完全不符合 　　 B. 大部分不符合 　　 C. 有点儿不符合 　　 D. 不太确定

E. 有点儿符合　　　F. 大部分符合　　　　G. 完全符合

(17)我总能与他人形成良好的情感沟通。

　　　A. 完全不符合　　　B. 大部分不符合　　　C. 有点儿不符合　　　D. 不太确定

　　　E. 有点儿符合　　　F. 大部分符合　　　　G. 完全符合

(18)我总能通过多种策略给他人留下好印象,并让他人接受自己。

　　　A. 完全不符合　　　B. 大部分不符合　　　C. 有点儿不符合　　　D. 不太确定

　　　E. 有点儿符合　　　F. 大部分符合　　　　G. 完全符合

(19)我认为我的一生一定要做出些什么。

　　　A. 完全不符合　　　B. 大部分不符合　　　C. 有点儿不符合　　　D. 不太确定

　　　E. 有点儿符合　　　F. 大部分符合　　　　G. 完全符合

(20)只要我们努力,我们的明天肯定会更好。

　　　A. 完全不符合　　　B. 大部分不符合　　　C. 有点儿不符合　　　D. 不太确定

　　　E. 有点儿符合　　　F. 大部分符合　　　　G. 完全符合

(21)办事公正,不以权谋私。

　　　A. 完全不符合　　　B. 大部分不符合　　　C. 有点儿不符合　　　D. 不太确定

　　　E. 有点儿符合　　　F. 大部分符合　　　　G. 完全符合

(22)事情既然交给我来做,那么我就要认认真真尽可能地将其完成。

　　　A. 完全不符合　　　B. 大部分不符合　　　C. 有点儿不符合　　　D. 不太确定

　　　E. 有点儿符合　　　F. 大部分符合　　　　G. 完全符合

(23)看见朋友遇到困难时,我会主动提供帮助。

　　　A. 完全不符合　　　B. 大部分不符合　　　C. 有点儿不符合　　　D. 不太确定

　　　E. 有点儿符合　　　F. 大部分符合　　　　G. 完全符合

(24)在各种场合,我总能表现得很自信。

　　　A. 完全不符合　　　B. 大部分不符合　　　C. 有点儿不符合　　　D. 不太确定

　　　E. 有点儿符合　　　F. 大部分符合　　　　G. 完全符合

(25)我总能灵活地应用新知识、新技术。

　　　A. 完全不符合　　　B. 大部分不符合　　　C. 有点儿不符合　　　D. 不太确定

　　　E. 有点儿符合　　　F. 大部分符合　　　　G. 完全符合

(26)我能有效运用知识、技能、经验去解决问题。

　　　A. 完全不符合　　　B. 大部分不符合　　　C. 有点儿不符合　　　D. 不太确定

　　　E. 有点儿符合　　　F. 大部分符合　　　　G. 完全符合

(27)善于从实践中总结经验教训、触类旁通。

　　　A. 完全不符合　　　B. 大部分不符合　　　C. 有点儿不符合　　　D. 不太确定

E. 有点儿符合　　　F. 大部分符合　　　　G. 完全符合

（28）从众多的信息中，我总能轻松地筛选出我想要的。

　　A. 完全不符合　　B. 大部分不符合　　C. 有点儿不符合　　D. 不太确定

　　E. 有点儿符合　　F. 大部分符合　　　　G. 完全符合

（29）我平时非常积极地为将来的成功做准备。

　　A. 完全不符合　　B. 大部分不符合　　C. 有点儿不符合　　D. 不太确定

　　E. 有点儿符合　　F. 大部分符合　　　　G. 完全符合

（30）我经常自学一些东西，因为只有这样我才能保持竞争力。

　　A. 完全不符合　　B. 大部分不符合　　C. 有点儿不符合　　D. 不太确定

　　E. 有点儿符合　　F. 大部分符合　　　　G. 完全符合

（31）我经常给自己定一些要求、目标，并经常约束自己的行为。

　　A. 完全不符合　　B. 大部分不符合　　C. 有点儿不符合　　D. 不太确定

　　E. 有点儿符合　　F. 大部分符合　　　　G. 完全符合

（32）业余时间，我总是做好安排，不浪费时间。

　　A. 完全不符合　　B. 大部分不符合　　C. 有点儿不符合　　D. 不太确定

　　E. 有点儿符合　　F. 大部分符合　　　　G. 完全符合

（33）在工作中，我喜欢独自筹划，不愿受别人的干涉。

　　A. 完全不符合　　B. 大部分不符合　　C. 有点儿不符合　　D. 不太确定

　　E. 有点儿符合　　F. 大部分符合　　　　G. 完全符合

（34）组织、筹划一个晚会，对我来说不是特别难的事情。

　　A. 完全不符合　　B. 大部分不符合　　C. 有点儿不符合　　D. 不太确定

　　E. 有点儿符合　　F. 大部分符合　　　　G. 完全符合

（35）我能用简练的语言准确地表达出自己的想法。

　　A. 完全不符合　　B. 大部分不符合　　C. 有点儿不符合　　D. 不太确定

　　E. 有点儿符合　　F. 大部分符合　　　　G. 完全符合

（36）交给我的任务，我都能严格按照要求很好地完成它。

　　A. 完全不符合　　B. 大部分不符合　　C. 有点儿不符合　　D. 不太确定

　　E. 有点儿符合　　F. 大部分符合　　　　G. 完全符合

（37）我总能恰当地表达自己的情绪。

　　A. 完全不符合　　B. 大部分不符合　　C. 有点儿不符合　　D. 不太确定

　　E. 有点儿符合　　F. 大部分符合　　　　G. 完全符合

（38）心情不好的时候，我会积极主动地调节情绪，不让不好的情绪持续。

　　A. 完全不符合　　B. 大部分不符合　　C. 有点儿不符合　　D. 不太确定

E. 有点儿符合　　　F. 大部分符合　　　　G. 完全符合

(39)我能够很好地理解别人的情绪和情感。

　　　A. 完全不符合　　　B. 大部分不符合　　　C. 有点儿不符合　　　D. 不太确定

　　　E. 有点儿符合　　　F. 大部分符合　　　　G. 完全符合

(40)遇事不顺时,我经常积极主动地去寻找原因。

　　　A. 完全不符合　　　B. 大部分不符合　　　C. 有点儿不符合　　　D. 不太确定

　　　E. 有点儿符合　　　F. 大部分符合　　　　G. 完全符合

[解析](答"A"得1分,答"B"得2分,答"C"得3分,答"D"得4分,答"E"得5分,答"F"得6分,答"G"得7分,满分280分)

得分≥224分:职业通用能力较好,已经做好了职业进阶的准备。

得分为168—223分:职业通用能力良好,在细节上还需提升个人水平,短期内可以完成职业进阶的准备。

得分为112—167分:职业通用能力一般,还需对自身能力进行梳理,有针对性地进一步提升个人水平。

得分≤111分:职业通用能力较差,建议从基础做起,稳步进阶。

参考文献

[1]张浩锋. 麦肯锡精英的工作效率手册[M]. 北京:中国纺织出版社,2020.

[2]李珊. 职场进化论,教你如何度过事业瓶颈期[M]. 成都:四川大学出版社,2019.

[3]徐碧琳. 组织行为学[M]. 北京:经济科学出版社,2020.

[4]周婧诗. 培训需求分析模型研究综述[J]. 现代企业教育,2009(22):68-69.

[5]吴谅谅. 人力资源开发管理技能:心理学在现代人事管理中的应用[M]. 北京:华夏出版社,2002.

[6]张娟. 基于组织胜任力的企业员工培训需求分析模型构建[J]. 企业家天地下半月刊(理论版),2010(1):42-43.

[7]屈芳,李彩红,赵文秀,等. 国内外典型培训需求分析模型的比较研究:以环境气象培训为例[J]. 继续教育,2017,31(11):74-77.

[8]郑晓静. 中层管理者战略培训需求分析模型构建[J]. 中外企业家,2014(4):169-170.

[9]叶红芳,陈湘玉. 能级进阶模式的护士培训需求分析模型[J]. 中华护理杂志,2011(4):393-395.

[10]耿玉霞. 企业培训需求分析模型探讨[J]. 中外企业家,2008(3):28-29.

推 荐 阅 读 资 料

1. 托马斯·彼得斯,罗伯特·沃特曼,《追求卓越——美国优秀企业的管理圣经》,中央编译出版社,2000年

2. 彼得·德鲁克,《卓有成效的管理者》,机械工业出版社,2019年

思 考 与 练 习

1. 通过对培训需求分析模型的学习了解,你是否已经认识到它的重要性了? 能否说出几种不同模型的侧重点? 请结合自身实际,选择在职业进阶阶段你最适合的一种模型,并根据模型找出自身职业通用能力的优势和不足。

2. 通过对职业通用能力进阶方法的学习,你是否已经掌握了这些方法? 请参考PDCA循环、WBS任务分解法等方法,模拟管理项目实操流程,制订团队成员方案。可以邀请前辈、同事一起参与,交换意见。

第六章

退役军人专业技能进阶

引 言

虽然毕俊营在这轮聘岗中功亏一篑，最终没竞争过几位高学历老将，但是怎么说也挺进了最后一轮面试，在一众公司高管前留下了好印象。毕俊营回想过去，自己一步步走到了企业中高层后备军，这几年紧赶慢赶，也算是脱胎换骨小有所成，所以并没有沉浸在气馁的情绪中。特别是在最后一轮面试中，企业副总对他这几年的工作表现非常肯定，面试结束后还亲自叫他去办公室谈话，言语间对他的未来发展非常看好，让他再加把劲，努力提升自己的硬件实力，争取在下轮竞聘中一举夺魁。

毕俊营还是第一次进副总办公室，那整洁明亮的房间、正对湖景的落地窗、宽敞高档的办公桌，这可不就和电视剧里霸道总裁的办公室一模一样嘛！再看看副总的谈吐气度，这出去还有啥拿不下来的项目？副总就是成功男人的典范，就是他梦寐以求的高度啊。

偶像有了，下一步就是怎么做了。毕俊营回到工位上马上开始打听起这个副总的信息。不打听不知道，一打听吓一跳，这个副总可是国内顶级名校毕业，年纪不大经手的项目可不少，公司转型期最大的外资合同就是他带着团队拿下的。这么一对比，毕俊营明显感到了自己距离登顶还远着呢。

正好聘岗也结束了，毕俊营便约了老大哥丁新成下馆子吃顿好的，好好谢谢他的指点帮助。毕俊营说起了副总约谈的内容，丁新成一听，转头就问毕俊营："你这光顾着崇拜副总了，有没有想过副总说的这话是什么意思啊？"毕俊营回道："那不就是让咱继续好好工作，多为公司拿下几个大项目呗。"丁新成叹了口气："你小子还是没往深处想，这副总的话可得好好琢磨琢磨。人家叫你提升硬件实力，你得把心思放在塑造自个儿身上啊。你现在这个情况啊，听老哥给你分析分析这前路要怎么走……"

第一节

专业技能进阶基础知识

在多米诺骨牌游戏中，只要为首的骨牌倒下，不管多长多复杂的牌型，后面的骨牌都会随之倒下。在工作中也会出现多米诺骨牌效应，往往一个工作难题没有解决，随之会引发一系列问题，最终造成不可逆的后果。作为处于职业进阶阶段的退役军人，夯实自己的专业技能是安身立命之本、升职加薪之关键。职场人如何提升个人专业技能，在职业进阶阶段达到更高的水平？这需要专业的方法指导,才能少走弯路。

一、专业技能进阶基础知识

在上一节职业通用能力进阶中,我们多次强调了学习的重要性。想在职场上功成名就,就必须增加自己的含金量,让个人专业技能更上一层楼。在国家推进"中国制造2025"新一轮技术及产业革新的背景下,对期望在职场发挥自身作用、获得职业进阶的退役军人来说,提升个人知识管理技能具有重要意义。在社会和个人的双重背景下,知识管理理论受到了广泛关注,得到了广泛应用,它不仅可以提升个人专业知识,还可以从专业知识体系的角度分析个人能力,从而推进更为有效的专业行为。

1. 知识管理理论概述

管理学大师彼得·德鲁克认为,知识是一种能够改变某些人或某些事的信息。这既包括使信息成为行动的基础方式,也包括通过对信息的运用使某个个体(或组织)有能力进行改变或进行更为有效的行为的方式。在人生的各个阶段,我们都需要知识来支撑个人成长和发展,知识的厚度在一定程度上决定了个人发展的天花板。目前学界将知识分为四大类,分别是显性知识、隐性知识、个体知识和组织知识,显性和隐性相互作用,个体和组织相互统一。大家可以将这4种知识对应九维职业适应力和职业胜任力理论。从一定程度上来说,对知识掌握方法的研究推动了职业能力和技能的体系研究。

世上知识千千万,在科技发达的今天,我们也面临"知识爆炸"的现状。面对如此大体量的知识,作为时间精力有限的个人,该如何选择知识,怎样选择正确的知识,采用什么样的学习方法,怎样在错综复杂的知识网中串联起个人的知识体系,就是知识管理理论的优势之处了。知识管理,简而言之,就是对知识这种特殊资源的一种管理,它作为一项管理活动,包括对管理对象(即知识)的计划、组织、控制、创新等,通过将已有知识进行有效整合、传递、共享、应用、升值等实现知识资源的创新。知识管理理论在20世纪60年代初由彼得·德鲁克首次提出,后经多国研究学者不断充实丰富,结合近年来企业管理、战略管理等方面的巨大需求,其已成为当下管理学研究的热点。我国尤为重视知识管理理论研究在企业管理中的运用。通过知识管理提升企业员工的价值,实现企业效益最大化,增强企业的核心竞争力,一直是研究的重中之重。目前,国内的知识管理理论分为以下几大学派(如表6-1所示)。

表6-1　知识管理理论学派分析

学　派	理　论
行为学派	包括理论研究和实践活动,主要关注如何发挥人的能动性,关注对人类个体的技能或知识管理行为的评估、改变或是改进过程,热衷于对个体能力的学习、管理和组织方面进行研究,认为知识等于过程,是对不断改变着的技能的一系列复杂的、动态的安排
技术学派	主要关注借助技术的效率,关注信息管理系统、人工智能重组和群件等的设计和构建,认为知识是一种企业资源和物质对象,并可以在信息系统中被标识和处理,即可以被管理和控制
经济学派	主要关注经济效益,即如何更好地取得优势利益,其主要特点是结合了行为学派的部分观点,如隐含知识的观点和隐含知识可以部分地向外显知识转化的观点
战略学派	主要关注不同的组织如何设立不同的战略性目标。战略性目标可以包括直接经济目标,但绝不局限于单纯的直接经济目标。与经济学派相比,战略学派的视野更宽、思路更广

由表6-1可以看出,各个学派有其侧重的研究方向。行为学派明显突出了知识上的继承性和专有性;技术学派明显突出了管理上的技巧性和方便性;经济学派明显突出了效果上的实用性和利益性;战略学派明显突出了组织上的目标性和灵活性。各学派的关注点不同,但它们是辩证统一的关系。在学术研究中我们常常将理论分解为多个分支,对分支的理论重点进行深入分析研究,找出内核后,为理论构建全面的体系。理论在为实践服务时,往往需要多个理论协同支持,特别是知识管理理论这类立足服务实践的研究。

通过分析我国知识管理理论学派,我们可以大致了解到不同学派对应作用于不同的知识类型,通过对不同类型知识的科学管理,可以有针对性地弥补个人知识领域的不足,更好地提升个人的知识管理能力。退役军人也可以对标自身,发现个人在这4类知识类型中的不足,以及应该着重了解哪个学派的知识管理理论,以便对症下药。下面我们就根据理论讲实操,了解知识管理理论是如何运用于实践之中的。

2. 知识管理在实践中的运用

从上文对知识管理理论学派的分析我们可以得出,知识管理理论即使分门别类,但在研究时也会打通学派隔阂。任何理论研究都是服务于实际的,知识管理也是这样,它不再是一个独立、离散、单维的组织迹象,而是由创造、存储/检索、转移和应用四重步骤组成的管理过程。通过在实际中运用知识管理,可以提升对象的组织、创新和绩效等工作能力,从而获得更高的职业专业技能力和核心竞争力。

知识管理运用的四重步骤是一个循环圈层的关系。其中,知识创造包含组织中的隐性和显性知识内容的崭新培育或者取代现存的内容。知识存储/检索也是知识管理的一大重点,如何将知识进行整理、归类、存储,便于在遇到问题时可以第一时间选取并用于实际,也是专业技能的一大体现。知识转移指的是将知识安放到所需要和被使用的地方,学者古普塔(Gupta)和戈文达拉扬(Govinararjan)在2000年提出了知识转移的五大要素,分别为:明确源自个体知识的价值,知识共享的理念,知识传播路径的构建与丰富,吸收、获取个体知识的意愿,注重知识运用的能力。在知识创造、知识存储/检索、知识转移都准备妥当后,知识应用将作为最后一步起到关键性作用。我们可以参考图6-1,从而更为形象地感受知识管理的运用流程及其作用。

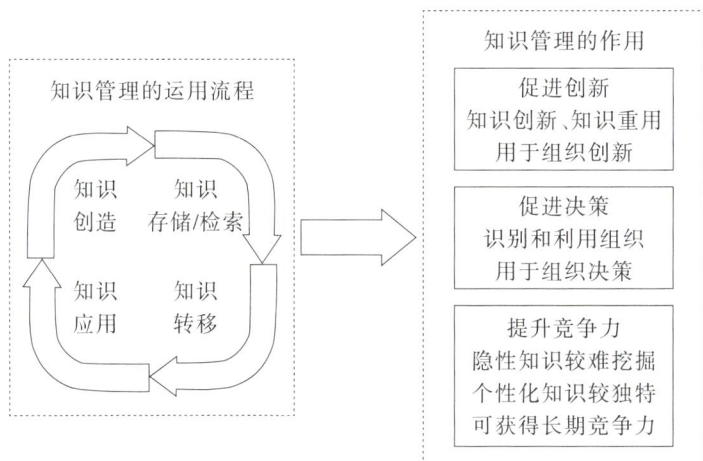

图6-1 知识管理的运用流程及其作用

从图6-1中我们可以看出,知识管理的运用流程是循环往复的。在知识应用后再次进入创造阶段,是在知识运用中发现了问题,继而就个人不足再次推进知识管理,进而达到职业多方位能力升级。运用知识管理对于创新、决策、竞争力的提升都有显著作用,创新是保持发展力的基础,决策是管理层个人能力的基础,竞争力是职场进阶的基础,有了这3个方面的能级加持,在个人职业进阶道路上才有基本保障。熟练掌握知识管理技能,可以在现有的知识基础上创造新知识,从知识中获取长期可持续的竞争优势,真正达成职业进阶期的个人专业技能成长。

处于职业进阶阶段的职场人,很难做到完全脱产全身心投入学习专业知识,较好的提升方式就是,在工作中发现自己的不足并通过实践提升个人的综合实力。相信像毕俊营一般敢拼爱学的退役军人可以意识到知识管理的重要性,会将专业知识带入工作实践,从而成为符合企业战略和行业标准的职场中坚力量。

二、专业技能进阶重点分析

进入专业技能进阶阶段后,如何量化个人的专业技能水平一直是大家想要了解的重要方面。类似毕俊营的退役军人在职场进阶过程中,常常会因自己非科班专业出身而遭遇升职瓶颈。特别是已经在岗位上摸爬滚打三五年的老职场人,职场经验丰富,但苦于没有针对性地了解自己对应的职业能力,对专业技能认识不清晰,没有获得相应的职业技能水平资格证书来证明自己,从而错失了升职机会。对461名退役军人的问卷调查结果显示,有超过2/3的退役军人还没有完全做好职业专业技能进阶准备,有3.25%的完全没有做专业技能进阶准备。具体数据如表6-2所示。

表6-2　退役军人专业技能进阶情况问卷调查结果

选　项	人数小计/人	比例/%
A 全面具备专业进阶技能,随时可以进入更高阶段	125	7.11
B 有此计划,短期内可以做好准备	225	48.81
C 准备工作进展缓慢,感觉力不从心,需要较长时间才能做好准备	96	20.82
D 完全没有准备,无法推进专业技能进阶	15	3.25

了解职业进阶阶段所需的职业力,获得相关职业资格证书,这种国家认可的职业技能鉴定机制就成为退役军人在这一阶段的选择之一。

1. 主要专业技能力——职业进阶能力模型

找准所需的职业能力是职业进阶的前提。在《退役军人职业适应》中,我们曾提及职业通用能力——九维职业适应力的概念,可以对应提升个人职业的执行力、驱动力和保障力这"三力"。职业进阶阶段,"三力"概念也相对应地进行了升级,从个人求职角度转变为满足职业需求,其模型概念也产生了一定的变化。下面我们就进阶阶段的职业能力模型进行剖析,帮助退役军人找寻自身阶段性职业需求。

对于这一阶段的专业技能力模型,我们采用的是德国职业教育专家梅尔滕斯(Mertens)提出的"三要素"模型,这一模型也是当下运用较多的主流概念模型。"三要素"包括专业能力、方法能力和社会能力,专业能力是指从事职业活动所需要的专业知识和专项技能,方法能力是指从事职业活动所需要的工作方法和社会方法,社会能力是指从事职业活动所需要的行为规范及价值观念。图6-2是"三要素"模型。

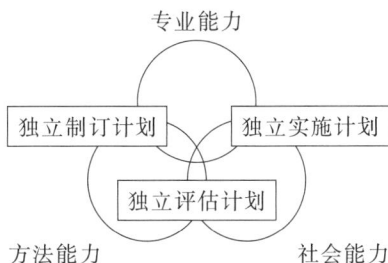

图6-2　"三要素"模型

从"三要素"模型中可以看出,在进阶阶段专业能力是放在首位的,但与方法能力、社会能力紧密相连。通过评估专业技能水平,分析个人问题所在,并通过有针对性地制订计划和实施计划,可以实现个人整体职业能力的提升。在此基础上,我们需要根据职业进阶阶段的岗位内容和实际发展路径对模型进行进一步的更新。(见图6-3)

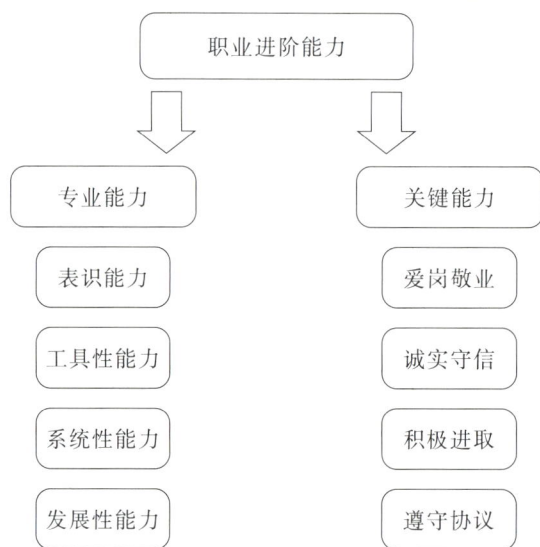

图6-3 职业进阶能力模型

在"三要素"模型上建立的职业进阶能力模型分为2个大方向推进进阶步骤,分别是专业能力和关键能力。专业能力偏重专业技术进阶,其中表识能力代表对行业情况、从业要求、岗位技能要求的了解,工具性能力代表对职业所需日常技能的掌握和实操水平,系统性能力代表在完成岗位所需的常规工作后,可以实现知识的关联,并将之应用于实际工作之中,解决工作难点,发展性能力代表在具备上述能力的基础上,可以跟随行业发展趋势,制订工作目标升级计划,更好地提升个人的前瞻性能力。关键能力偏重个人职业道德素养提升,从基本的爱岗敬业到遵守协议,是对从业者的个人职业道德的规范要求。当代社会是一个讲求高素质人才发展的社会,技能的高低不代表一切,具备优良的个人道德品质,并在从业过程中坚守道德立场,可以避免行差踏错导致的类似泄密、挪用公款、贪污等严重后果。

职业进阶能力模型对从业者发展的4个阶段提出了不同的要求,退役军人在部队历练多年,在拥护党和国家、坚守个人立场的关键能力方面可以做到克己复礼、以奉终始。在专业能力方面,我们建议退役军人每达到一个层级,都要尽可能地获取相关职业资格证书来证明自身的职业实力,走上职业技能等级进阶通道。

2. 专业技能提升途径——获得职业资格证书

我国的职业技能鉴定根据国情需要不断进行调整,逐步发展完善为现今采用的证书体制、先进技术方法和社会化管理方式的国家职业技能鉴定制度。1994年颁布的《职业资格证书规定》是我国第一部关于职业资格证书的国家规定。2017年,中共中央办公厅、国务院办公厅印发《关于深化职称制度改革的意见》,该意见指出,要促进职称制度与职业资格制度有效衔接,以职业分类为基础,统筹研究规划职称制度和职业资格制度框架,避免交叉设置,减少重复评价,降低社会用人成本。由国家相关文件的颁布可以看出,在我国职业资格证书和职称获取是衡量从业者职业水平的标准。

目前,我国社会层面的人才主要分为3类,分别为学术型、工程型和技术型人才,不同人才对应了不同的培养模式。退役军人多是在企业从事应用型工作。从企业发展的角度看,鼓励企业员工获得职业资格证书,一是可以规范企业生产模式,二是可以提升员工的专业知识和技能;从退役军人的角度看,获得职业资格证书,一是可以直接、准确地反映出个人所具备的技术、技能水平,二是可以反映出个人的学习习惯、培训背景和工作阅历,展示出对职业潜在的创造性。有很多像毕俊营一样前置学历不够出彩的职场进阶人,希望可以获得含金量高的职业资格证书来证明个人的职业技能实力。职业资格证书不仅种类多,而且分属不同的部门,我们可以先从我国的职业资格证书体系(图6-4)开始了解,避免在考证选择上走弯路。

职业资格证书是按照国家职业技能标准和职业技能鉴定规范,通过职业技能鉴定,合格后颁发的一种职业技能水平证明。我国目前可以获取的正规职业资格证书大概有4个渠道,分别为国家证书制度、现代第三方认证规则、标准参照考试模式及职业导向内容体系。大家可以登录人力资源和社会保障部官网,查询最新年份的国家职业资格目录,选择适合自己考取的职业资格证书。

除国家认证的各类职业资格证书外,第三方认证的职业资格证书也逐渐获得了一定的知名度和较高的认可度。企业和社会培训机构等合格的第三方会在人力资源和社会保障部进行备案,大家可以登录人力资源和社会保障部官网查询备案的第三方信息。

标准参照考试有别于常模参照考试,是以某种既定的标准为参照系进行解释的考试,达到标准即为合格,与考生总人数无关,如驾驶执照考试、计算机等级水平考试等。大家在选择项目准备考试时,也需要提前了解考试的性质,以便于更好地备考。

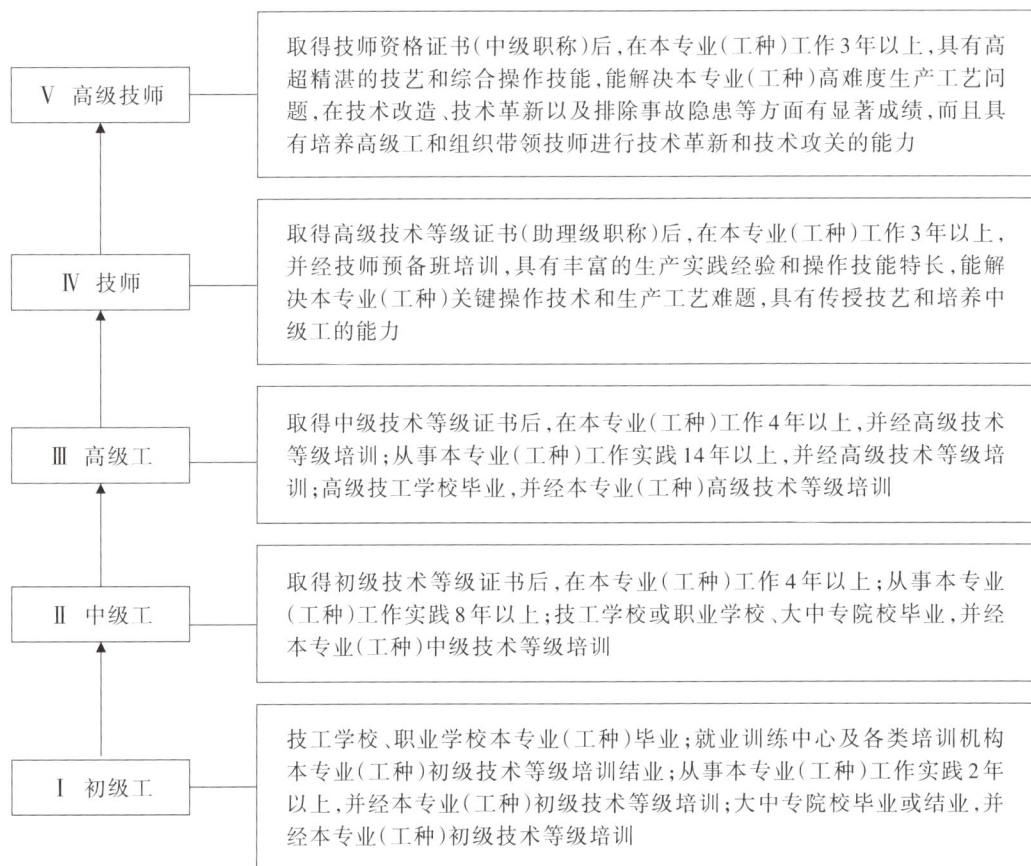

图6-4　我国职业资格证书体系结构示意图

推行职业资格证书制度,是提升我国从业人员的专业水平和职业素质、对标国际行业领先水准、发掘我国人力资源的一大措施,也是将我国职业发展推向规范化、市场化、社会化,适应经济和行业快速发展的一项举措。在当下人才济济的社会中,要证明自己的专业技能力,获得职业资格证书是一个快速有效的办法。在职业进阶阶段,建议大家通过职业导向内容体系选择自身需要的职业技能,即根据自身的技能、时间和经济实力,选择具有一定认可度的考核机构,获得相应的等级证书。只要肯下功夫,相信每一个退役军人都可以在评职称的道路上稳步前进,给自己的职业进阶之路添砖加瓦。

第二节
常见专业技能进阶问题

在世界格局风云变幻的今天,社会的方方面面都发生着巨大的变革。退役军人要想在社会及行业的快速发展中冷静观察,清醒把握未来趋势,抓住合适的晋升机会,就需要充分掌握职业专业技能,在职业进阶阶段发挥个人专业技能的作用。在此过程中,退役军人难免会遇到各种各样的进阶问题,这类问题相比于其他进阶阶段员工具有一定的特殊性。《史记》有云:"善战者,因其势而利导之。"接下来我们就针对专业技能进阶类问题的现状进行陈述,并深入分析问题所在,再加以正确引导,为处于这一阶段的退役军人答疑解惑。

一、常见专业技能进阶问题表现

随着时间的推移,退役军人身上的职业气质逐渐成熟,走进职业进阶阶段的他们早已练就一番本领,在行业领域也做出了一些成绩。这一阶段的技能提升更看重个人实力。对461名退役军人"关于专业技能进阶,您认为自己最应当强化哪些方面?"问题的问卷调查结果显示,在专业知识、学习方法、思想观念等方面,都有过半的退役军人感觉自身能力存在一定问题,具体数据如表6-3所示。

表6-3　退役军人专业技能进阶情况问卷调查结果

选　项	人数小计/人	比例/%
A专业知识等相关能力	279	60.52
B学习方法等相关能力	307	66.59
C思想观念等关键能力	270	58.57
D其他能力	164	35.57

我们根据退役军人的实际情况,结合职业专业技能的要求,将退役军人常见的专业技能进阶问题分为三大类,分别是专业能力欠缺、方法能力薄弱和关键能力不足。下面我们就这三大问题在这一阶段的表现、成因及严重后果进行分析,大家可以以问题为导向,奔着问题去,对着方法改,顺利度过职业进阶阶段。

1. 专业能力欠缺

对于大多数退役军人来说,专业能力欠缺的问题是需要通过持续学习进修来弥补的。退役军人在职业进阶阶段的专业能力欠缺主要表现在以下2个方面。

一是专业知识掌握不牢固。走入职业进阶阶段就好比走向金字塔顶端,对相应的技术知识、管理知识、人力资源知识等都需要深入了解并熟练运用。大多退役军人在前期的工作中也会利用空闲时间进行碎片化学习。在职业的初、中级阶段,通过勤奋练习大多可以达到职业资格认证的要求,在高级阶段,碎片化的知识是难以支撑个人技术进步的,因此很多退役军人在考取高级职业资格证书的过程中,会出现学习知识困难的情况。

二是职业专业能力的相关证书获取困难。退役军人在职业的初、中阶段多是跟随公司前辈学习，对于基本技术知识有了初步认知。随着各行各业的快速发展，公司前辈的知识储备及更新可能会有所滞后，想要超越前人取得一定成绩就要靠自己来了解目前的行业动态，了解专业技术的最新动向，循序渐进地学习，以快速考取符合个人实际的高级技能证书。

2. 方法能力薄弱

大到考试、晋升，小到安排每天的生活计划，都离不开方式方法。在职业进阶阶段，退役军人面临专业技能的大步跨越式提升，找对方法很关键。在方法能力方面，我们总结出了退役军人的两大主要问题表现。

一是知识管理能力欠缺。在时间紧、压力大的职业进阶阶段，退役军人希望可以快速提升个人职业能力，却忽视了个人知识管理能力，对于知识能力的培养也容易卡在瓶颈期。职业进阶阶段的学习不再是查缺补漏式的学习，而是要将知识串联成为个人的职业储备框架。如果一直采用之前阶段的学习方法，就仿佛在迷宫中找出路，学起来既费时又费力。

二是退役军人在制订个人专业技能进阶计划时经验不足。若还是套用起步阶段、适应阶段的方法和测评工具，则会导致个人职业专业技能测评不够全面、客观，相应地在制订个人进阶计划时，就会因为测评结果的不准确而导致计划制订错误，从而达不到预期的提升效果。职业专业技能是每个职场人的立身之本和成事之基，一份可操性强的计划可以防止被动和无目的学习，促使自己一步一个脚印稳健前进。退役军人如果没有一份合理的进阶计划，是很容易迷失自我的。比如：看见这个人学了这个课程不错，不去客观测评课程对自己的实用程度，马上也报名去学；看见这个人考这个证书很快不费劲，自己也去考一个，不管它对自己的职业发展有无助力。人的精力是有限的，只有集中精力做一件事，才有可能快速成功。

3. 关键能力不足

在职业能力进阶模型中，我们也强调了关键能力的重要性。关键能力更像是对这一阶段职业人的思想道德和职业观念的要求。作为一名职业人，特别是处于进阶阶段的职业人，都需要以中高层职业人的职业道德和从业观念为标准要求自己。

同时，在职业进阶阶段，大家需要花费大量的时间和一定的金钱去提升个人能力，例如考证、学习专业知识等。目前市面上培训机构较多，有学校、工作室、个人等形式。退役军人在选择专业能力提升方式时，也需量力而行，不要盲目投入高额的花费，更不要因此负债累累，得不偿失。

在提升职业进阶阶段的关键能力方面，退役军人也会出现时间安排不合理的问题。如果把自己的日常安排得满满当当的，每天被工作、学习压榨得疲惫不堪，今天的计划完不成,明天又要抽时间补,计划不断拖沓,进度迟迟达不到目标,身体也得不到充足的休息,久而久之,会陷入"拖延症"的死循环,人的积极性也会因此受到影响,逐渐出现"反正昨天也没做完,算了,今天再休息一天""晚上睡太迟了,白天上班没精神,晚上学习犯困"等消极想法。

从退役军人常见职业进阶问题中可以看出,在这一阶段,退役军人面临着较大跨度的挑战。想要成功迈入行业中高层管理者的行列,学历、技术、方法、计划、实操缺一不可。下面我们来分析退役军人阶段性问题背后的成因,直面根本,对症下药。

二、常见专业技能进阶问题成因

退役军人在职业进阶阶段出现的种种问题必然是有其原因的,与其等出现问题再去解决,远不如从问题成因入手分析,这样有利于退役军人在实际中避开问题,少走弯路。下面我们就针对上文中的职业专业技能进阶问题的成因进行分析,从根源上解决问题。

1. 专业知识不扎实

退役军人在学校系统学习专业知识的时间较短、机会较少,也存在就业与所学专业不对口的情况,所以大多存在专业知识不扎实的问题。在此背景下,想要熟练运用中高级专业知识就相对比较困难。或者有些退役军人的专业知识比较扎实,但在中高级知识提升中专注于某个学派的知识理论的学习,没有进行相关专业的知识融合,导致自身专业面狭隘、个人知识组织能力不全面,发展也因此受限。比如:技术过硬的人没有管理能力,不能带领团队很好地完成任务;或者管理人才对关键技术知之甚少,对企业发展目标把握不准,从而影响了个人和团队的绩效成绩。

与此同时,退役军人或多或少会选择报班的方式来提升学历、获取相关证书。目前市场上的培训机构众多,选择一个适合自己的课程和老师也是退役军人进阶之路的关键。有的退役军人求职心切,在报班学习的过程中往往会因天花乱坠的广告、夸大其词的宣传"种草",冲动报班后发现"踩雷",陷入和培训机构退费、解约等拉扯中,白白消耗自身的精力和时间。因此,建议退役军人在选择培训机构时多多考察机构的资质,了解师资背景,先试听再交费,不要盲目相信广告和"名师",毕竟适合自己的才是最好的。

2. 学习方法不科学

退役军人对专业技能进阶的要求是非常迫切的,学习永远是进阶的唯一选择。凡事讲究方法,学习也一样。面对进阶阶段的专业要求,退役军人对于学习方法的掌握以及个人知识体系的建构还有待提升。运用单一理论大量刷题的学习方法已经无法解决专业技能学习的难点,这时需要科学的方法来指导,即常说的方法论。提升个人学习的方法论,需要从思维方式、思想观念和科学研究方法等方面全面提升。未经历过系统性学习、没有养成良好的学习习惯和不具备正确方法的退役军人,常常会出现力不从心的情况,导致职业进阶之路进程缓慢。

有的退役军人对于问题的原因没有深入剖析,也没有养成融通的系统性思维,在职业进阶阶段容易出现眼界不够开阔的问题,发展也会因此止步不前。还有的退役军人对于从"办事"到"指挥"的身份转变没有前置经验,自身专业知识不够扎实,再加上没有大团队的管理经验,面对工作难免出现战略方向定不准、专业技能上手慢、管理摸不着门路的情况。做任何事都讲求方式方法,职业进阶也是如此,退役军人在学习方法上的不足会直接影响个人的专业水平,导致专业技能不拔尖、管理水平不出众等现象。

3. 自身管理不到位

进入专业技能进阶阶段,除了要提升自身实力,还要关注自身管理问题。首先是要坚持正确的思想观、道德观、世界观不动摇。不能为了早日完成职业进阶的梦想"走歪路",即不把心思放在如何提升自我上,反而学起了歪门邪道,企图通过所谓的"捷径"获得成功。殊不知,凡事终是要付出代价的,"走捷径"换来的不过是一时的满足,它的后果就是让人生无路可走。

很多退役军人因为工作繁忙、饮食无度等而疏于个人体能管理,时间久了难免发胖发福、体检亮起红灯。在这样的情况下,身体难以保持良好的状态来迎接高难度的学习和高强度的工作,时间一长难免力不从心。

有的退役军人在学习计划、学习安排等方面经验不足,难以消化专业知识,多多少少会出现学习进程预估错误、学习安排过松或过紧的问题,从而影响个人提升的进程。与此同时,家庭压力、经济压力也会导致退役军人出现学习中断甚至半途而废的情况,从而对专业技能进阶及个人职业发展造成致命影响。

三、常见专业技能进阶问题的可能后果

在职业进阶阶段,专业技能进阶是我们前进的基石。扎实的专业技能与个人职业发展相辅相成,既可以帮助职场人攻克技术难点,也可以培养专业思维,以便胜任更多高层次全方位的工作。退役军人在专业技能进阶过程中所面对的问题不再是短时间内可以迅速解决的。很多退役军人在现阶段不懂得如何厚积薄发,让自己踏入职业发展新阶段,从而导致在专业技能进阶阶段的发力、用力、聚力、着力不够精准,没有把握好黄金时机。下面我们就根据上文中提及的退役军人在专业技能进阶阶段常出现的问题及成因预估可能后果,从结果导向出发,由后果倒推过程,从而更为清楚地了解退役军人的专业技能问题的痛点。

1. 无法解决专业难点

"人才是立根之本",这句话适用于国家建设,同样也适用于企业发展。退役军人要沉下心来提升个人专业技能,从而提升职业竞争力。在人生的任何阶段,专业上突出的人总是可以获得更多的认可和机会的,相信大家在过去几年的职业工作中都已亲身体会到这点。

如果退役军人的个人专业技能不扎实,无法解决领导交办的工作,成绩不亮眼,绩效不达标,在团队中的角色就会逐渐被边缘化。这种情况下,没有中高等级的技能证书傍身,面对晋升机会没有竞争力,退役军人在团队中就容易被他人取代。

有些身处管理层的退役军人可能感觉自己从技术操作转为了管理经营,对自身专业技能就有所松懈,殊不知企业管理对管理层的要求更为严苛。管理层不仅要熟知专业技能知识,指导帮助同事解决工作难题,还要为团队乃至企业今后的发展方向和目标制订合理的计划,并运用科学的管理学知识和管理模式带领团队和企业向着目标进军。退役军人如果在管理专业技能方面没有及时跟上,就会失去在行政管理类岗位晋升的机会。

2. 自身硬实力提升缓慢

在上文中我们一再强调掌握专业技能和获取相关资格证书的重要性,相信很多退役军人已经意识到学习专业技能知识、考取资格证书是当下晋升的必要条件。但是退役军人在硬实力提升方面常会因为经验不足,没有摸索出适合自己的学习方法,导致考证之路进展缓慢。

有些退役军人还未意识到自身硬实力提升速度缓慢的后果,想着不就是一个考试嘛,今年过不了还有明年,明年不行还有后年,总能拿下吧?随之逐渐松懈了对自我的要求,养成了拖延的坏习惯,实力提升缓慢,因此错失晋升机会,还会逐渐被后起之秀超越、淘汰。任何企业的中高层管理者岗位的数量都是严格控制的,等来一个机会实属不易。且当下社会不断进步,中高层管理者的年龄也在不断降低。面对如此情况可想而知,晋升机会不会像资格考试那样无限度地等着我们试错,过了这个村可就没这个店了。相信这不是任何一个有志于发挥自我实力的退役军人所愿意看到的局面。

3. 高压下身心健康难以保证

随着职场节奏不断加快,当代中青年肩负着多重压力,难免出现身心健康问题。退役军人虽然身体底子好,但是面对多重压力和长期疲劳,身体素质下降也是在所难免的。工作晋升、家庭关系以及经济负担等压力如果得不到排解,时间长了会出现躁郁、抑郁的心理问题,严重的还会导致生命危险。

特别是在"考证＋工作"的双模式下,白天工作结束,晚上回来还要加班加点地学习,分给自己放松和陪伴家人的时间减少,如果没有合理安排做好备考计划、获得家人的支持,则会造成家人的不理解。同时,资格证书等级较多,备考会持续进行,由此带来的培训费、考试费等花销也不少,如果没有提前做好经济规划,也有可能导致手头局促,甚至陷入网络借贷等陷阱中,造成严重的经济问题。或是考证之路不顺利,面对消耗的时间和精力,自己的心理压力不断增大,每次考试前都紧张到心跳加速、失眠、情绪不稳定,因此影响发挥,陷入"焦虑—恐惧—害怕"的循环中,不但考试通过无望,久而久之也会怀疑自我,产生自卑、自责的心理。这样不仅会影响身体健康,还会引发一系列的心理问题。最终,职业晋升无望不说,还失去了最珍贵的健康,严重的还要离开打拼多年的岗位先去治疗,得不偿失。

通过对退役军人群体在职业进阶阶段可能出现的专业技能代表性问题及其成因、可能后果的分析,相信大家都能体会到在这一阶段需要突破的障碍还不少,当然,功夫不负有心人,只要突破障碍,所收获的成果也是不可估量的。相信通过上文的分析,各位都会同毕俊营一样认识到专业技能在职业进阶中的不可取代性,并愿意为之付出,从而提高自我职业技能竞争力。分析过后,我们将向大家介绍相对应的解决办法,用前人总结出的科学理论和实践经验帮助大家突破自身专业技能进阶瓶颈,收获职业发展成果。

第三节

常见专业技能进阶方法

相信每一个退役军人在职业进阶道路上,都希望自己能够不断变强,成就一番事业,证明自己的实力,也为家人创造更美好的未来。在前文中,我们通过对职业进阶阶段专业技能要求进行分析,介绍了我国的职业资格证制度,引入了知识管理理论方法,并针对退役军人阶段性问题进行分析,让大家对专业技能进阶有了一定的了解和规划。对461名退役军人职业专业技能进阶情况的调查结果显示,绝大多数退役军人认为职业专业技能进阶需要清晰完整的规划,其中27.55%的退役军人正按照规划积极努力地完善自我,具体数据如表6-4所示。

表6-4 退役军人专业技能进阶情况调查结果

选 项	人数小计/人	比例/%
A 已经有清晰的规划,并按照规划积极努力	127	27.55
B 已经有初步的规划,并设法完善	204	44.25
C 还没有开始规划,但觉得规划很重要	109	23.64
D 不需要什么规划,走一步看一步就行	21	4.56

下面,我们就针对退役军人专业技能进阶的不同能力,提出相应的科学方法,帮助退役军人更好地制订属于自己的专业技能进阶计划,并解决进阶中遇到的难题,在进阶大军中脱颖而出,收获满级"技能点"。

一、专业技能进阶

在退役军人常见专业技能进阶问题中,我们首先分析的就是专业能力欠缺的问题。退役军人大多是在入职后开始不断精进个人专业技能水平的,能够获得一定等级的职业资格相关证书势必会增加退役军人的职业竞争力。下面我们就针对如何获取中高级职业资格证书,向大家介绍专业方法。

1. 了解职业资格制度,开拓考证之路

随着我国与国际接轨的行业逐步增加,国际合作的行业不断增多,职业资格的获取也开始对接国际标准。在此背景下,职业资格认证也不再局限于我国公认的一些资格考试,退役军人也可以选择具有广泛认可度的国际职业资格证书,通过备考提升自我的国际化实力。

下面我们以职业进阶阶段的管理资格认证为例进行介绍。目前国际上较为有名的是PMP(Project Management Professional,项目管理专业人员)认证,该认证是由美国项目管理学会在全球范围内推出的针对项目经理的资格认证。国内自1999年开始推行PMP认证,由美国项目管理学会授权国家外国专家局培训中心在我国进行PMP认证的报名和组织考试。该认证通过2种方式对报名申请者进行考核,以决定是否颁发给申请者PMP证书。

PMP认证有诸多规定,如报名人员需要准备中英双语的申请书,这一步对于部分退役军人而言可能具有挑战性。对于职业进阶阶段的退役军人而言,具备基本的英语水平是必不可少的技能点。PMP认证还要求报名人员具备涵盖美国项目管理知识体系中九大知识领域的项目管理学习、培训经历,以及在五大项目管理过程(项目的启动阶段、计划阶段、实施阶段、控制阶段和收尾阶段)中的项目管理经验,要求具体到时数。其对于有一定工作经验的退役军人而言,不乏为一个合适的选择。

2. 技能提升过程管理——ITTO工具

我们接着以PMP认证为例。在PMP认证中,ITTO工具是一个重要方法,也是备考PMP认证中管理知识的一种工具。前文中我们详细分析了知识管理理论的框架和方法,面对专业技能提升阶段大量的知识涌入,如何对这些知识进行目标性的管理就显得尤为重要。ITTO工具不仅能提升项目管理的效率,也能够帮助我们在学习专业知识时快速理解和记忆。ITTO工具理论的具体意义如表6-5所示。

表6-5　ITTO工具理论

英文含义	中文释义
I(Input)	输入信息、资源
T(Tool)	利用工具管理
T(Technology)	利用技术管理
O(Output)	输出结论

从性质上看,ITTO工具是一种输入输出工具法,类似于思维导图,可以运用于项目管理中各种工作计划的过程梳理,帮助人们理清工作思路,做好项目的优先级排序。由于其具有极强的逻辑性和落地性,运用于专业技能学习中时,我们可以把对象从管理项目更改为管理学习。首先,输入某一项学习计划,然后对专业技能学习进行学习顺序、持续时间、专业需求和进度制约因素设置,进而采用科学的学习方法对整个专业技能学习进行工具性管理,最后根据管理学习的整体进展和阶段性成果进行总结性输出,回顾阶段性专业知识学习情况,查漏补缺。

其实学习和工作在某些层面都是相通的,介绍ITTO工具不仅是为了帮助大家全面地了解当前的专业技能进阶考核内容,也是对知识管理运用流程中的知识转移和知识运用的实践操作。专业技能从不是死记硬背,只有融会贯通才能学以致用,希望退役军人在专业技能进阶实操中可以打开思路,在提升个人专业技能的同时,锻炼思维能力,全面提升综合素质。

二、学习方法能力进阶

在退役军人常见专业技能进阶问题中,方法能力薄弱也是不容忽视的重点。相信大家在日常的工作中会发现身边的一些优秀骨干都具备敏捷清晰的思维和过硬的专业技术,让他人羡慕不已。许多退役军人坦言,在专业技能进阶阶段最大的"拦路虎"就是怎样摸索出一套高效的学习方法,快速掌握知识,成为专业技术上的"学霸"。下面我们就介绍2种科学的学习方法,帮助退役军人理清学习思路、归纳知识重点。

1. 提升英语水平——MECE分析法

MECE分析法的英文全称为Mutually Exclusive Collectively Exhaustive,其中文意思为"相互独立,完全穷尽"。MECE分析法是麦肯锡思维过程的一条基本准则,由麦肯锡公司的第一个女咨询顾问巴拉·明托(Barbara Minto)在金字塔原理中首次提出。

MECE分析法"相互独立"的关键点在于问题的细分是在同一维度上并有明确区分、内容上不可交叉重叠,"完全穷尽"的关键点在于内容的全面性、完整性,不可有遗漏的部分。

运用于学习中时,我们可以将其理解为将一个完整模块的知识划分为几大并列的知识点,在知识点细分中做到全面涵盖整个知识模块。在推进过程中,我们可以着重划分为4个步骤,如图6-5所示。

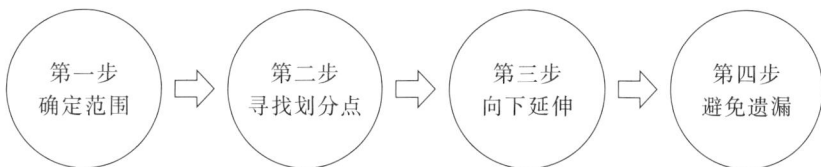

图6-5　MECE分析法四步骤

我们以职业英语水平考试为例。第一步,首先我们要根据考试内容确定学习范围。职业英语水平考试分为3个级别,我们需要确定本次准备的考试等级并准备相应的学习教材。第二步,我们要寻找划分点。职业英语水平考试分为笔试和口试2个部分,其中笔试包括听力、阅读、翻译、写作4个部分,所以我们需要将本次考试的备考内容划分为5个部分。第三步,我们将5个部分的学习内容根据考试大纲的要求向下延伸。例如对于写作,我们要先掌握考试等级范围内的写作词汇和句式语法,再向下将往年的考试试题拿来模拟答题和精改,最后再进行押题作文书写,全面深入地提升个人的英语写作能力。第四步,我们要梳理整个MECE分析步骤,检视在细节之处是否有重复或遗漏,从而让整个备考流程更具结构化,备考思路也逐渐明晰。

通过MECE分析法,退役军人可以在短时间内对不够熟悉的职业资格考试有一个清晰的认知,明确备考之路上需要做好哪些准备工作,化繁为简,也更有利于我们做好备考计划,冲刺考试。

2. 学、记、思、用相结合——康奈尔笔记法

说到学习那可就离不开万能的笔记了。相信每个退役军人在过往的学习、工作中都主动或被动地做过笔记,但有些人可能还不知道这小小笔记的大用处,这可是学霸们的制胜法宝之一啊!大家都知道,人的记忆力是有限的,俗话说"好记性不如烂笔头",有时候动动笔做一本学习笔记,对于知识掌握是非常有帮助的。

康奈尔笔记法是将笔记中的1页纸分成了3部分:左边1/4左右为笔记栏,下方1/5左右为总结栏,右上最大的空间为提示栏。各栏占比及内容如图6-6所示。

康奈尔笔记法的分区功能,可以区分开知识点、思考方法和重点总结,对每个知识点的学习掌握情况有非常明确的展现。同时,建议大家可以通过不同颜色的笔、在相关内容的页面切口处涂上同一颜色或贴上同一颜色的标签等方法进行笔记内容的分类整理,让知识点得以串联起来,以更有利于背诵和记忆。并且,可以用随身携带的电子设备进行在线笔记的记录与整理。记笔记并不是一个简单的记录工作,而是一个完整的重新组合吸

收知识的过程,希望退役军人可以在做笔记的过程中能把碎片化的知识点吸收消化掉,最终以完整的技能点展示出来。

笔记栏 (Note)	提示栏 (Cues)
·记录讲义的内容 　用简洁的文字 　使用简单的记号 　使用缩写 　写成列表 　要点和要点之间留有 　一定空白 填写时间:听课时	·主要的想法 ·为了更好地总结要点所提出的问题 ·图表 ·学习的提示 填写时间:听课后复习时
·记下最重要的几点 ·写成可以快速检索的样式　　　　　　　**总结栏** 　　　　　　　　　　　　　　　　　　（Summary） 填写时间:听课后复习时	

图6-6　康奈尔笔记法图示

三、专业技能进阶的保障力提升

处于专业技能进阶阶段的退役军人,还要有一个稳定的情绪去保障身心各方面的平衡。通过上文的分析,我们也得以窥见保障措施不足会导致身心失衡的严重后果。下面我们就从专业技能进阶的保障措施入手,从时间管理、心态调节和解决问题的角度出发,以科学的方法助力专业技能进阶。

1. 拒绝拖延——帕累托法则

在职业进阶阶段,时间是最为宝贵的。职场人都希望有更多的时间平衡工作、学习和家庭的关系。英国知名企业经理人协会主席林登·琼斯(Lyndon Jones)博士曾说过:"时间是一种特殊资源,你无法购买、借用、租赁、储存或延长它;它容易流逝,不可替代。"面对有限的时间,我们如何提高自我的效率就显得尤为重要。

帕累托法则是由约瑟夫·朱兰(Joseph Juran)根据意大利经济学家维尔弗雷多·帕累托(Vilfredo Pareto)的观察推理而来的。当时维尔弗雷多·帕累托发现,意大利80%的财富掌握在20%的人手中,并且这一现象在其他行业中也有出现,例如一个公司80%的销售额由20%的产品创造等,然后由此推导出"重要的少数"——帕累托函数,即广泛应用的二八定律。

这一法则运用于退役军人职业进阶阶段中,首先可以肯定的是,80%的工作可以用20%的努力完成,剩下20%的工作才是占据我们时间和精力的部分。人的精力是有限的,在专业技能进阶阶段,最有效的办法就是快速完成80%的部分,集中精力处理20%这"重要的少数"。同样将这一法则运用于学习中,80%的学习可以用20%的努力完成,剩下20%的学习才是占据我们时间和精力的部分。在专业技能提升的过程中,退役军人要筛选出技能提升中"重要的少数",集中精力攻克20%的难点,才能将时间管理优化到最佳。

通过帕累托法则的划分,我们不难看出,在日常生活中,大多数人都养成了拖延的坏习惯,甚至我们都没有意识到拖延已经出现在我们生活的方方面面。例如:我们在推进重要工作时,潜意识里希望有人打断,从而转移注意力,放松精神;学习上也是如此,做到难题时,我们也会劝自己先放一放,偏爱简单的题,美其名曰"增加信心"。殊不知时间就在这样的点点滴滴中被消耗掉了,我们快速前进的脚步也被阻挡住了。建议退役军人无论在任何项目实施中,都要列出清单,对清单条目按照帕累托法则进行划分,抓大放小,在时间管理上跑赢他人。

2. 稳定情绪——PMA模式

保持情绪稳定的重点在于良好的心态。在专业技能提升的过程中,退役军人会遇到成功或失败,也会因此产生各种情绪,或多或少都影响着内心。这里我们向大家介绍PMA(Positive Mental Attitude,积极心态)模式,希望通过科学的心理学方法缓解进阶途中的坏情绪。

PMA模式指在任何情况下都保持积极向上的心态,要以积极、主动、乐观的态度思考和行动,将不足转为优秀,将消极转为积极。

我们以退役军人专业技能进阶中常出现的考试失利为例。未能通过专业技能考试是一件很平常的事,但有些退役军人就会陷入消极的情绪中,认为自己就是不如别人,并逐渐演变为每当一道题目做不出来时,就开始抱怨自己不够聪明,不想继续坚持。这其实是陷入消极情绪、逃避问题所在的一种不良表现。PMA模式鼓励大家以乐观取代抱怨,让积极的心态给予我们战胜困难的勇气和信心,不再陷入无意义的消极情绪中。

PMA模式在应用中有三大步骤:第一步,把负面情绪赶出大脑,合理排解压力和负面情绪;第二步,用积极情绪重塑大脑,用默念"我很棒""我能行"之类鼓励的语句形成心理暗示,给予自我信心;第三步,把注意力集中在眼前的提升专业技能上,集中精力取得进步,不让自己有机会沉溺于无效情绪中。

职业专业技能进阶对于任何人来说都不是易事,对于退役军人来说更是突破自我的选择。在进阶过程中会遇到各种各样的困难,希望上述方法可以帮助像毕俊营这般的有志青年勇攀高峰。职业进阶就好比人生成长,在攀登中完善自我、提升人生价值,这一过程所带来的精神愉悦和物质激励,会让你觉得一切的付出都是值得的。"道阻且长,行则将至",愿每一个有志者早日登上职业进阶的高峰。

参考文献

[1]张浩锋.麦肯锡精英的工作效率手册[M].北京:中国纺织出版社,2020.

[2]林登·琼斯,保罗·洛夫斯特.A＋时间管理法[M].赵晓晶,译.北京:金城出版社,2010.

[3]彼得·德鲁克.知识管理[M].杨开峰,译.北京:中国人民大学出版社,1991.

[4]高业明,程琳.职业资格证制度的推行与技能鉴定体系的完善[J].安徽电力职工大学学报,2003,8(4):91-96.

[5]王威.谈指导高职生参加职业资格证考试应考虑的要素[J].企业导报,2013(23):243-244.

[6]鲍仲辅,曾德江.高职现代装备设计与制造专业职业能力的研究:进阶式职业能力模型的构建[J].中小企业管理与科技(中旬刊),2014(3):246-248.

[7]徐茸茸.知识管理理论综述[J].企业研究,2012(20):58.

[8]张兮,李玉龙,成一航,等.数字化知识管理理论与应用研究综述[J].数据与计算发展前沿,2021,3(2):23-38.

[9]陈建东.知识管理理论流派研究的初步思考[J].情报学报,2006(A1):300-302.

[10]侯光明,黄莉.现代大学核心竞争力的建设[J].北京理工大学学报(社会科学版),2004,6(1):6-9.

[11]诸葛秋菊.基于岗位群职业能力要求的商务英语专业能力进阶模块化课程体系研究:以湖北生物科技职业学院为例[J].湖北成人教育学院学报,2014(3):36-37.

[12]刘飞,吴思佳.产教融合背景下技能型人才进阶培养模式研究[J].湖北开放职业学院学报,2020,33(15):26-28.

推荐阅读资料

1. 埃森·M.拉塞尔,《麦肯锡方法》,华夏出版社,2001年
2. 彼得·圣吉,《第五项修炼:学习型组织的艺术与实务》,上海三联书店,2003年

思考与练习

1. 通过对知识管理理论的基础性学习,你对知识管理是否有一定的认识呢?请对自

已进行一次知识管理分类摸底，了解自身专业技能的实际水平。

2. 通过对职业资格证书制度和鉴定体系的学习了解，你对目前从事的技术行业必备的职业资格证书有所了解了吗？请结合自身的实际专业技能，对接下来的专业技能进阶备考之路制订合理的计划。可以邀请前辈、同事一起参与，交换意见。

第七章

退役军人职业
进阶实战

引 言

这天丁新成主动问起了毕俊营找工作的事儿："经过这段时间对于找工作这件事的了解和请教关于职业进阶、自我提升方面的经验，你现在对于未来要努力的方向有清晰的眉目了吗？"

"多亏大哥这段时间来跟我分享的一些经验和关于职业进阶的内容，这对于我的工作真的大有帮助。"毕俊营主动握住丁新成的手向他表示了感激之情，接着说道："虽然这段时间我确实收获了许多经验，也大概了解了未来要做些什么，但还只是知道一个大概。对于理论方面的东西确实知道一些，但是实际做起来还是有不一样的感受，总感觉没有条理，自己在盲目地做一些事情。"

丁新成听完会心一笑，拍了拍毕俊营的背说道："我明白你现在的心情，一下子接收了太多的信息，又没有什么经验，不知道该怎么去实践这些所谓的经验才是对的，而且理论和实践总是会存在一些偏差的，对于这个问题呢，我建议你可以多去看一些退役军人创业成功的案例，从他们的经历中寻找共性、提取经验，或许你会受到启发，在职业进阶方面能有新的思路和方法。在我看来嘛，完成一件事情的第一步就是做一个计划，职业进阶这件事自然也不例外。"

第一节

职业进阶实战第一步——进阶计划

一、计划的含义

在管理学中，计划具有两重含义：一是计划工作，是指根据对组织外部环境与内部条件的分析，提出在未来一定时期内要达到的组织目标以及实现目标的方案途径；二是计划形式，是指用文字和指标等形式所表述的组织以及组织内不同部门和不同成员，在未来一定时期内关于行动方向、内容和方式安排的管理文件。

通俗来说，就是首先要确立自己在未来一定时期内想要达到的具体目标，比如退役军人在职业进阶方面的目标是在未来半年内提升自己的职业品质，那么接下来就需要明确自己能够通过什么样的途径来实现这个目标,比如选择通过阅读书籍和观看相关课程等。确定了自己的目标和实现途径后,接着需要用表格等清晰的方式来安排达到目标的过程,比如安排一天内看几页书和看几个课程,才能够在这半年的时间内达到一开始设立的职业品质提升的目标。完成这一切,你就成功设立了一个短期目标。

一个完整的计划应该包含以下要素:前提、目标、目的、战略、责任、时间表、范围、预算和应变措施。这些要素对于一个计划的成功都很重要,缺一不可。如果一个计划缺少时间表,那么这个计划很有可能无法在规定时间内实现。还有,都说计划赶不上变化,一个计划再完美也可能在执行的时候与现实产生偏差,所以应变措施对于每个计划来说都是至关重要的一部分。在设立计划时我们就要想好将来可能会出现的一些变化,预先想好应对措施,也就是所谓的方案B。再比如,一个计划如果缺少预算,那么我们在执行计划的时候可能会不计后果,为了达到目标投入过多的人力等资源。所以,在做计划时需要充分考虑到每一个要素,以使计划足够完整,能够成功达到我们预先设立的目标。

二、计划的重要性

"凡事预则立,不预则废。"退役军人在打算进行职业进阶实战时,也需要事先做好准备和计划,预先设想好需要完成的事情和所有的时间点,以及可能出现的所有情况,以便在将来出现问题的时候能够及时应对。

而在对退役军人对自身职业进阶是否有计划的调查过程中,退役军人习惯于做计划的猜想得到了验证。如图7-1所示,71.80%的退役军人对自己的职业进阶之路有计划,而其中还有27.55%的人对自己的职业进阶之路已经设立了十分清晰的计划,并正在按照计划做出积极的努力。还有23.64%的退役军人虽然还没有开始设立计划,但充分认识到了计划的重要性,仅仅只有4.56%的退役军人认为计划并不重要。

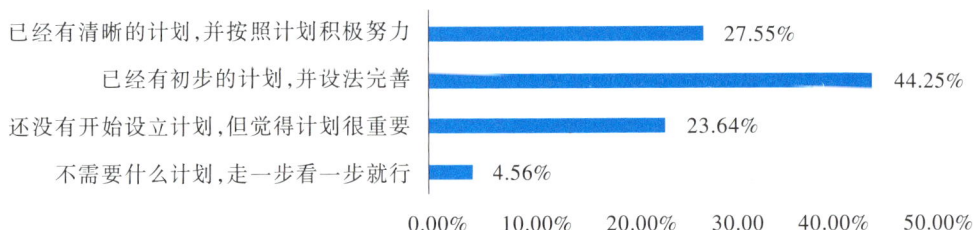

图7-1 退役军人职业进阶计划的状态

1. 计划是完成事情的准则

计划的本质就是首先确定一个具体的目标,然后针对这个目标制订具体的实现方法和途径。因此,计划就是在完成一件事情时使其能够朝着既定的目标前进所参照的一个标准。在完成目标的过程中,难免会遇到迷茫的时候,此时就可以通过回顾计划得到一个标准,知道在这个时间点上应该完成哪些事情,对照目前实际完成的情况,如果进度落后太多,则可以及时进行提速,以便能够准时完成既定的目标。

总的来说,计划可以指导人们在某个特定的时间点做某件特定的事情,以便能够达到人们预期的目标。如果人们在实现目标的过程中缺乏计划这一准则,那么很容易感到盲目和无助,因为人们无法确定在这个时间点应该完成多少任务量才能够最终达到目标。另外,没有计划还可能使人们因为惰性,将本该完成的事情一拖再拖,最终导致目标无法实现,同时还造成资源的浪费。因此,退役军人在进行职业进阶的过程中,首先设立一个目标是非常重要的,它是衡量目标完成程度的重要参照准则。

2. 计划是控制偏差的依据

即便我们将职业进阶计划做得很完美,在真正执行它的过程中还是会出现与计划不一致的情况。例如,原本计划20天看完一本书,但是由于中途出现了无法推脱的另外的事情,那么很有可能无法按原计划执行,这时实际就与计划产生了偏差。而计划的存在恰好就为我们控制这种偏差提供了依据,在没有计划的情况下,这超出的几天的计划安排很有可能无法得到有效的解决,最终导致达成目标的时间点也相应地延迟。而有了计划,就可以根据计划中的其他时间点,将这超出的几天的计划安排合理分配到比较空闲的时间段去完成,保证最后实现目标的时间点与计划一致,成功将偏差控制在计划范围内。

3. 计划是实现目标的前提

为了能够在既定的时间内完成我们期望的目标,制订一个完整的计划是十分重要的。如果退役军人在职业进阶的过程中不做计划,那么他们做很多事情就会没有头绪。哪些事情需要首先完成,哪些事情可以先稍微放一放,没有计划,这些事情就无法得到合理的安排,最终不仅会导致自身的内耗、资源的浪费,还可能会导致相应的目标没有办法实现。

因此,制订一个完整的计划是必须的,有了计划,退役军人就可以合理安排进行职业进阶所需要做的所有事,在恰当的时间完成应该完成的事情,使相应的目标能够在既定的时间内得到实现。

三、如何做计划

前文提及了一个完整的计划应该包含的几个要素,因此,退役军人在制订计划时应该从这几个要素出发,对计划进行完整合理的安排,保证计划的可靠性。

1. 前提

前提就是指制订这个计划的假设,即这个计划在什么情况下是适用的。例如,退役军人要为职业进阶制订一份计划,计划的前提就是完成自我的职业进阶。

2. 目标

目标就是指做这个计划所要得到的最终结果,即计划结束后所实现的内容是什么。例如,在职业进阶实战中,退役军人制订计划所要完成的目标就是自我的职业进阶,最终能够完成职业素养的提升,增强就业竞争力。

3. 目的

目的是指为什么要制订这个计划,即制订计划的重要性。在进行职业进阶时,退役军人之所以需要制订计划,就是为了能够在一段具体的时间内成功实现职业进阶的目标,完成自我提升,以便工作更上一层楼。

4. 战略

战略是指如何去实现目标,即实现目标采取的方法和途径。比如为了达成职业进阶、完成自我提升,退役军人可以采取看书、看视频课程等自学,也可以参与学校的一些课程,而最终决定采取的方法和途径都需要在计划中完整体现。

5. 责任

责任就是指要做好最坏的打算,即如果最终目标没能实现,我们就需要为最终的结果负责。如果退役军人经过执行计划,最终没能实现职业进阶的目标,那么他们应该为自己这段时间所有的付出负责,找出失败的原因,总结经验教训。

6. 时间表

时间表就是对完成每件事的具体时间点进行总结的表格,提醒我们在什么时间点该做什么事情。在进行职业进阶时,退役军人需要提升的方面非常多,所以需要有合理的时间分配和安排,以便能够在既定的时间内完成相应的计划。

7. 范围

范围是指计划所涉及的人和事。在为职业进阶实战制订计划时,计划的范围就是指退役军人以及职业进阶这件事。

8. 预算

预算是指完成目标所需要投入的所有资源和代价。在职业进阶的过程中,投入最多的就是时间,所以退役军人在制订计划时,需要充分合理安排、利用时间。

9. 应变措施

应变措施是指在实际与计划出现偏差时的替代方案。在职业进阶的实战中,可能出现很多与我们预想不符的情况,所以退役军人在做计划时就需要提前考虑好相应的替代方案,以便到时能够随机应变。

四、"70后"退役军人老李——创业路上的"五年计划"

说到做计划这件事，最有发言权的莫过于"70后"退役军人老李了。2001年，退役1年的老李创办了自己的服装厂，在之后的时间里，他正是依靠一个个有效的"五年计划"，成功带领自己的服装厂开启数字化转型之路，并不断壮大自己的服装产业。从创办服装厂到将其发展成为纳税额超过2000万元的大型服装企业，老李依靠的正是不断做出的一个个计划，可见做计划对于成功创业具有至关重要的作用。

老李在创业初期就给自己定下了第一个"五年计划"，即拥有自己的独立厂房并不断发展成为规模以上工业企业。他在制订计划的过程中充分考虑了自己的能力和当时的大环境，最终确定下了在5年内建立服装厂房并不断扩大的目标。为了达成这个目标，老李将在部队中学到的管理方式带到了自己的厂房管理中，建立了一套科学而严格的管理制度，增强了服装厂房各个方面的规范性。在制订计划的过程中，老李还聚焦于建立厂房及其扩建的各种细节之处，小到一条拉链的生产线，大到一整家公司的管理，他都充分做好了各种计划，力求能够在一定的时间内达成厂房建立与发展的目标。

在经济高速发展和互联网快速崛起的时代中，传统的制造业受到了不小的冲击，为了服装厂能够在时代的浪潮里幸存下来，老李又制订了第四个"五年计划"，即对厂房实施智能改造及数字化转型。

从退役军人老李创立服装厂的经历中，我们可以看出在做计划是一件非常重要的事。不断设立的一个个"五年计划"，使得老李的创业之路始终朝着正确的方向不断前进。

第二节

职业进阶实战第二步——进阶执行

当退役军人完成了职业进阶实战的第一步制订计划之后，接着需要做的就是执行之前制订的计划。这时候有人可能就会有疑问了："执行计划有什么难度吗？不就是根据之前制订的计划一步步来走吗？"确实，执行计划没有什么难度，但是很多人经常很难完成自己所制订的计划。每个人对待计划的态度不同，每个人的能力也有所不同，所以不同的人对于同一个计划的执行力也是不一样的。因此，执行计划对于退役军人来说也是一门学问，一个职业进阶计划制订完成后，也需要通过智慧来有效地执行它，才能最终实现该计划预期想要完成的目标。

一、计划执行的定义

计划执行是指为了推动最终目标达成所需要完成的各种任务。它需要通过有效组织各种资源和合理安排各种任务完成的顺序来保证计划能够得到高效执行，以及目标最终能够顺利完成。

二、计划执行的重要性

计划执行是计划本身与设定目标之间的重要连接，对计划的有效执行可以增加预期目标最终得到实现的可能性。

因此，在制订计划之后，最重要的就是要找到合适的方式去执行它。退役军人在进行职业进阶的过程中，所制订的计划会包含能力提升、品质提升、心理素质提升等多个方面，而在制订计划之后，如何在有限的时间内去安排具体计划的执行就很重要。并且人都是有惰性的，在执行计划的过程中很可能会因为懒惰，导致计划的执行进度被拖延，前期的计划无法得到有效的执行，最终难以实现既定的目标。因此，计划得到有效的执行对于计划的成功及目标的实现来说至关重要。

在计划执行的过程中难免会遇到一些困难，导致计划不能顺利执行下去，而在面对这些困难时，不同的人会表现出不同的反应，笔者就这个问题对退役军人展开了调查，结果如图7-2所示。其中有47.07%的退役军人在面对计划执行中遇到的困难时，都会积极设法去解决困难，还有38.18%的表示要根据困难的程度来决定是否努力。剩下的人则会怀疑计划不合理或是干脆放弃努力。因此，有一半以上的退役军人需要培养自己在遇到困难的时候能够积极面对，并努力找到方法去解决问题的能力。

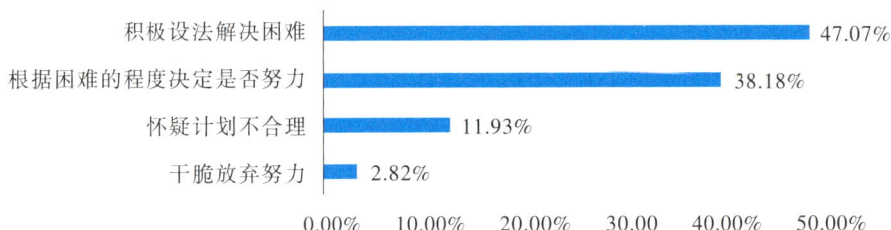

图7-2 退役军人在计划执行过程中遇到困难的做法

三、计划执行的影响因素

退役军人如果想要让自己制订的职业进阶计划能够不受到影响并且得到有效的执行，可以从自身因素与外部环境2个方面来进行考虑。

（一）自身因素

1. 做好自身的情绪管理

在执行职业进阶实战的计划时，实际发生的情况难免会与计划中的情况产生偏差，这种差异很可能会影响到退役军人后续进一步执行计划时的心情，而消极的情绪往往会影响到计划执行的效率，因此在执行计划的过程中做好自身的情绪管理是至关重要的。

例如，在执行计划的过程中由于突发状况导致计划在3天内完成的事情，最终花费了5天才完成，这时候我们很可能会感到非常焦虑，但如果任由自己的情绪泛滥，不加以控制，那么我们很可能将这种不好的情绪带到之后执行计划的过程中，导致后续的计划执行在消极情绪的影响下变得更低效，使完成计划的时间变得更长。

将消极情绪自我消化，转变为积极情绪是一个很困难的过程，这种时候可以通过运动等方式来释放压力，以便能够更好地消化这些消极情绪。总之不能让自己陷在这种消极的情绪中，我们需要积极地控制好自己的心情，做好自身的情绪管理。

2. 合理安排计划执行的时间

影响计划有效执行的一个重要因素就是计划执行的时间。要充分考虑到需要完成的任务量以及自身做事的效率，再结合计划的总时长，确保安排的时间足够完成需要的任务量。例如，在职业进阶的计划中，计划在1周内看完1本书，那么我们在执行这个计划的时候，就需要结合自身情况合理安排每天需要完成的数量。在合理的情况下，我们应该将这本书平均分配到这一周的每天来看，这就是一个能够有效执行的计划，而如果我们将这本书全部分配到这一周的最后2天来看，那么这就是一个不切实际的计划，自然就无法有效地去执行它。

合理安排计划执行的时间的关键就是要量力而为，即在自己的能力范围内去安排任务。每个人的能力都是有限的，所以在执行计划时要充分结合自身的情况，切忌好高骛远。

3. 学会利用外部资源

在执行某些计划的时候，仅仅依靠自身的能力可能是不够的，这时候我们应该积极寻求外界的帮助，充分利用外部的资源。例如，退役军人仅仅依靠自己看书进行自学，可能无法了解和掌握大部分的知识，或是对于某些地方的知识点不能理解得很透彻，这时候就可以积极寻找相关网络课程的资源，通过线上听课的方式加强对相关知识的学习或理解。

退役军人还可以寻求学校这一资源的帮助,通过去学校进行相关课程的学习,充分掌握相关的职业技能。

(二)外部环境

1. 杜绝外部因素的影响

为了有效执行制订的计划,我们常常需要果断杜绝一些外部因素的影响。在职业进阶的过程中,如果自制力不够,则很可能受到一些娱乐活动的影响,从而降低计划执行的效率。例如,我们计划在1天内看完2个视频课程,但是我们没能抵住游戏的诱惑,一整天都在玩游戏,那么这个计划就很难得到有效的执行。

所以在我们执行计划的过程中,需要充分考虑到可能影响到我们计划执行的各种因素,然后提前隔绝这些因素。比如,在执行计划的过程中,可以将娱乐设备放到距离较远的地方,可以在执行计划之前推掉一些聚会,以便我们能够全身心地投入计划执行的过程中。

2. 设立充分的监督机制

在执行计划之前,需要设立好充分的监督机制,这可以有效监督计划执行情况,督促提高计划执行的效率。设立监督机制时,可以通过寻求身边人的帮助,例如可以邀请身边同样需要进行职业进阶的伙伴,两人相互监督对方的计划执行情况,还可以商量一些计划没能有效执行的补救措施,以便有更大的动力去按时执行计划。此外,退役军人还可以通过一些手机应用或设备来设立监督机制,现在手机上有一些云图书馆,可以集合一些志同道合的伙伴在固定时间段进行学习,这可以帮助他们更专注于执行计划这件事。

退役军人在开始执行计划之前,需要设立充分的监督机制,对计划执行的具体情况进行督促,能够在计划执行进度缓慢的时候加以提醒,以便保证计划执行的效率。

第三节
职业进阶实战第三步——进阶控制

退役军人在执行职业进阶计划的过程中,计划执行的实际情况可能会与计划本身产生较大的差异,为了最终能够实现既定目标,就需要对产生的差异进行有效的控制,将该差异控制在一定的范围内,并及时补救该差异,让计划重新回到正轨。差异的产生可能是由不同的因素导致的,比如执行计划的时间安排不够恰当、执行计划所需的资源无法得到保障、在执行计划的过程中个人的情绪没有得到很好的控制或受到游戏等外部因素的影响,这种不同因素导致的差异就需要我们采取不同的措施来进行有效的控制。要对差异进行控制,我们首先需要了解控制是什么。

一、控制的定义

控制就是对完成的工作进行检查,看它是否按照先前制订的计划、标准和方法进行,并对存在的差异进行分析,找出这些差异产生的原因,然后对差异进行纠正,使计划执行能够回归正轨,以确保计划设定的最终目标能够实现。总的来说,控制就是为了让计划执行的实际情况与计划本身的内容相一致所采取的一系列纠正措施。

控制与计划之间具有十分密切的关系,所做的计划越明确、全面和完整,控制的效果也就越好。控制的目的在于通过各种纠正措施,使计划执行的实际情况能够符合原本的计划。

二、控制的类型

控制的类型如图7-3所示。

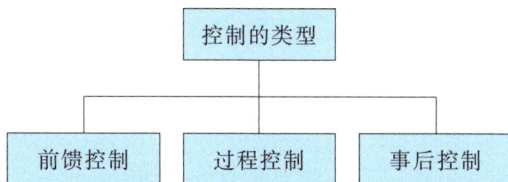

图7-3　控制的类型

1. 前馈控制

前馈控制也称为事前控制或预先控制,它就是在正式开始执行计划之前,对可能会影响到计划执行的因素进行相应的控制。前馈控制的重点在于预先防范,防止一些问题在后续执行计划的过程中出现,侧重于关注执行计划需要投入的资源。

在正式执行职业进阶计划前,我们需要对影响计划有效执行的一些因素进行预先控制,这就是一种前馈控制,可以防止后续计划正式执行时与预想中的情况相差太多。

2. 过程控制

过程控制也称事中控制、现场控制或同步控制,它就是在计划正式执行的过程中,对相关的人和事进行监督和指导。当计划执行的具体情况与预想的计划内容相差太多时,过程控制能够及时采取相应的措施来有效地纠正差异。在执行计划的过程中,可以通过对每个关键节点进行设计来规范过程管理。过程控制的重点在于能够快速了解计划执行的具体情况并对产生的差异进行及时的纠正和指导,它可以将计划的偏离情况始终控制在一个合理的范围内。

当我们在执行职业进阶具体计划时,会借助手机应用等来对我们的计划执行情况进行监督,这就是一种过程控制。它是在执行计划的过程中采取相应的措施,例如通过安排一个人专门对我们的计划执行情况进行监督,并在我们的执行情况与原本计划内容产生较大差异的时候,进行及时的汇报与督促,以便达到一个有效的控制,让制订的计划内容都能得到正确的执行。

3. 事后控制

事后控制是一种常见的控制类型,具有一定的滞后性。它是在全部计划已经执行完毕之后,对这次计划执行情况进行的总结和评定。做好事后控制可以总结相应的经验教训,以便为下一次制订计划或是执行计划提供相应的经验,能够更好地把握计划制订的强度和计划执行的效率,使之后的计划执行产生更少的差异。

在职业进阶计划全部执行完毕之后,我们往往会对这次计划的执行情况进行分析,找出这次执行过程中存在的问题和实际执行情况与计划内容之间产生的差异,这就是事后控制。通过事后对计划完成情况的分析,我们可以找出自身在这一方面的薄弱之处,以及在具体执行计划的过程中还有待改进的部分,获取相应的经验和教训,以便能够在下一次执行计划的过程中完成得更好。

三、控制的过程

1. 确定控制的标准

要做好控制,首先需要确立一个具体的标准,可以是定性的标准,也可以是定量的标准,只有有了具体的标准,在进行控制时才能判断实际与计划之间存在的差异,接着需要将实际情况进行纠正,向这一确定的具体标准靠拢。制订控制标准需要经过以下3个步骤:首先,需要确立一个控制对象;其次,选择控制的关键点;最后,制订控制标准。

在执行职业进阶这一计划时,控制对象是退役军人执行计划的实际情况,控制的关键点则是需要将执行计划的实际情况与计划原本内容的差异控制在一个较小的范围内,控制标准自然就是制订的计划以及要达到的目标,一旦实际情况偏离了设立的目标以及制订的计划,就需要采取控制措施,将差异维持在一定范围内。

2. 判断计划执行情况

在确立好具体的控制标准后,接下来是判断计划执行的具体情况,可以通过书面记录或是向监督执行计划情况的人员反映的形式,来记录计划完成的具体情况。用来判断计划执行情况的这些信息应该是及时、准确且可靠的,否则无法判断出计划执行情况是有效的,那么在之后纠正偏差的时候就很可能将原本与计划偏离并不大的实际情况改得与计划相差较大。

在进行职业进阶时,退役军人往往会采用看书自学或上视频课的方式来进行自我提升,这时候就可以通过记录看书的页数或是视频课的时长来判断计划执行的具体情况,然后通过与预先制订的计划的对比来得出两者之间的差异,从而判断是否需要对职业进阶计划的执行情况进行控制。

3. 纠正产生的差异

在控制标准以及计划执行情况都确定之后,就可以进行最后一步了,即对产生的差异进行纠正。但需要先确定造成这一差异的原因是什么,然后根据原因来采取具体的纠正措施。

在执行职业进阶计划的过程中,退役军人很可能会因为进度缓慢或是理解不了相关的知识点而导致情绪低落,从而影响执行计划的效率,这可能就导致计划执行的实际情况与计划内容存在差异,这时就需要采取转变情绪的措施来进行差异控制。如果是外界环境因素影响了执行计划的效率,导致了差异的产生,那么就应该采取远离外界环境因素的方式来提高计划执行的效率,从而控制实际与计划之间的差异。

四、差异控制的重要性

1. 实现目标的关键所在

计划的有效执行是实现最终目标的前提,而计划的有效执行恰恰离不开差异控制这一举动。对计划执行的实际情况与计划内容之间存在的差异进行纠正,能够为计划有效执行提供保证,从而使计划最终要达到的目标得以顺利实现。

2. 控制差异的范围

对计划的实际执行情况和计划内容之间存在的差异进行控制,有助于退役军人对计划的执行情况有更深入的了解,并且能够及时快速地纠正存在的差异,确保差异能够控制在一定的范围内。

例如我们在观看视频课程进行职业素养学习的时候,实际用时与计划用时之间存在一个小时时长的差异,而我们在控制差异的时候发现了,并进行了及时的纠正,那么这一个小时的差异就不再存在了,但是如果我们没能控制差异,那么这一个小时的差异就很有可能在未来执行计划的过程中逐渐扩大到两个小时甚至更长。因此,差异控制能够帮助我们对差异的范围进行控制,确保将其控制在较小的范围内。

3. 完善计划的依据

退役军人在进行差异控制的时候,往往会分析这些差异产生的原因,然后采取对应的措施。这可以为之后进一步的完善计划提供依据。在前面的差异控制过程中,退役军人会逐渐发现先前制订的计划存在的缺陷,那么后续为了提高计划执行的效率,就需要对计划进行进一步的完善,这时候分析差异产生的原因就能够为我们完善计划提供很好的依据,在后续的计划中可以充分避免这些原因,从而降低后续产生差异的可能性,还能降低纠正这些差异的工作量,提高计划执行的整体效率。

四、职业进阶控制典型案例

对于控制实际情况与计划内容之间的差异的重要性,想必很多经历过大风大浪的退役军人都深有体会。老黄是一名在海南开办海滨浴场的退役军人,刚开始他还是凭借"薄利多销"的策略取得了小小的成功的,可惜好景不长,海南的汛期到来了,海滨浴场的人数骤减,而对于海南气候不熟悉的老黄在制订创业计划的时候完全没有考虑到这一因素,毫无应对之法。在海滨浴场的实际经营情况与创业计划产生了较大差异的情况下,老黄没能及时对差异产生的原因进行分析和规避,以及对后续计划进行修改。在台风到来的时候,老黄依旧没能拿出有效的举措,最终海滨浴场只能转让出去。

老黄的经历值得借鉴之处在于:在职业进阶计划的执行过程中,做好差异控制是十分关键的。这可以让我们少走弯路,更大程度地保证职业进阶目标能够实现,同时还有助于进一步完善原有的计划,使我们能够在完成目标的同时减少各种资源的投入,提高计划执行的效率。

第四节
职业进阶实战第四步——进阶复盘

一、复盘的定义

复盘主要是指在完成计划之后,对已经执行的计划进行回顾分析,总结相关的经验教训,例如在这次计划执行的过程中,哪里做得比较好,哪里做得还不够好,哪些方面能够在下次计划执行的过程中得到改善等。

二、复盘的重要性

首先,复盘可以帮助我们从另外一个角度看待问题。在计划执行完成之后,我们需要通过复盘来总结这次计划执行过程中的经验教训,这时候我们就可以跳出计划执行者的身份,从第三方的角度出发来客观分析这次计划执行过程中存在的问题。

其次,复盘可以帮助我们发现更细节的问题。在进行复盘的过程中,我们会从更加细节的角度出发去回顾我们执行计划的每一个步骤,这可以帮助我们发现计划执行过程中所忽略的一些细节,以便在下次计划执行的过程中做得更完善。

最后,复盘可以帮助我们发现计划执行的关键点。在计划执行的过程中,我们一般只是按照预先设计好的流程去实现既定的目标,很少思考为什么这样设计可以顺利实现目标,而换一种方式可能会面临计划无效执行的情况。这是因为在计划执行的过程中也存在关键步骤,而复盘恰好可以帮助我们分析出计划执行过程中的关键步骤,从而帮助我们在下一次计划执行的过程中能够更顺利地达成相应的目标。

通过对退役军人的调查可以看出,大多数退役军人都能够认识到计划执行之后复盘的重要性,如图7-4所示,84.17%的退役军人都会在完成职业进阶的某个阶段性任务后,认真总结执行任务中的经验教训,以便下次完成任务的时候能够做得更好,其中还有41.00%的人会在完成任务之后进行全面复盘,甚至会与别人讨论,分享经验。但还有1.95%的退役军人表示他们在完成职业进阶的某个阶段性任务后只是庆祝一下,不会进行复盘,因此他们需要加强对复盘的重要性的认识。

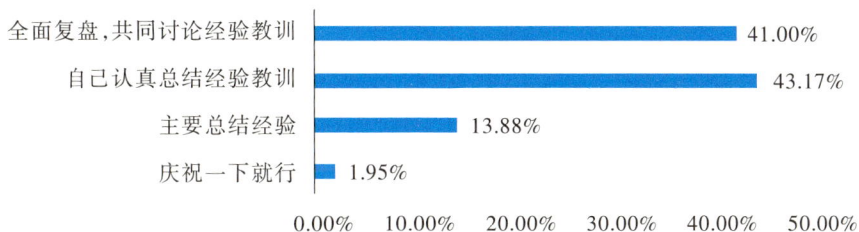

图7-4　退役军人完成职业进阶的某个阶段性任务后的做法

对于复盘这件事,退役军人小沈可谓很有发言权,他一路从外卖骑手发展成为公司区域经理。小沈退役后,先是经朋友的介绍干起了刷漆的工作,这是他离开部队后的第一份工作,也是做这份工作的认真劲让他在机缘巧合之下进入了装修行业。但是随着对该行业的了解逐渐深入,小沈意识到自己的能力还不够干出一番事业,于是他选择离开装修行业。

随着外卖行业的兴起,小沈将目光转向了外卖骑手这份工作。小沈在做外卖骑手的过程中,会经常复盘自己一天的订单量等情况,这使他在短短15天内就当上了配送队队长,后来又被提拔为区域主管。

从骑手晋升为区域主管,小沈依靠的正是自己对每件事进行复盘的好习惯。管理着上千名骑手的小沈,每天晚上都会对当天大家的订单完成率、准时率等数据进行详细的复盘,同时为了清晰地呈现相关数据,他还会制作许多表格。这种每天复盘的好习惯不仅成就了小沈,同时也成就了他所管理的骑手团队。

小沈的骑手晋升之旅告诉我们,复盘是一件十分关键的事,善于复盘可以帮助我们及时认识到自身所存在的不足之处,以及应该从哪些角度去进行改变和提升。

第五节
毕俊营的升职计划

一、毕俊营的目标

毕俊营加入如今的公司已经有四五年了,可是始终没能在职位上得到很大的提升,经过一段时间的了解和听取身边人的建议后,他决心要开始自己的职业进阶之路,从多方面来提升自己,从而将工作完成得更为出色,在职位上更上一层楼。因此,毕俊营的目标就是实现职业进阶。

二、制订计划

毕俊营明白万事开头难的道理,知道为了有效地实现职业进阶的目标,自己首先需要制订一个完整的职业进阶计划。经过分析,毕俊营认为自己可以从心理进阶、思维进阶、品质进阶、人际关系进阶、职业通用能力进阶和专业技能进阶这几个方面来实现自身职业进阶的目标。于是,毕俊营决定从这几个方面出发来制订自己的职业进阶计划。

经过了解和分析,毕俊营首先决定去报一个相关的课程班,并计划利用周末的时间来完成这些课程。他还打算利用平时晚上的空闲时间来阅读与职业进阶相关的书籍从而使自己的职业品质得到提升。此外,毕俊营计划通过加强平时与同事及领导的沟通、负责一些高强度与高难度的工作来锻炼自己的人际交往能力、思维能力和心理能力。

三、执行计划

制订完相应的计划后,毕俊营开始苦恼,他觉得以自己的自制力很难有效地执行上述计划,于是他开始主动了解如何能够有效地执行制订的计划。经过了解,毕俊营决定采用以下三种方式来约束自己。

1. 情绪管理
毕俊营了解到自身情绪对于有效执行计划有很大的影响,消极的情绪很容易影响计划执行的效率,从而导致目标难以实现,因此他打算在执行计划的过程中,如果遇到情绪低落的情况,就采取跑步加听歌的方式来消化自身的消极情绪,或者向亲人朋友等倾诉的方式来缓解。

2. 合理安排时间

另外,在执行计划的时候合理安排时间也是使计划得到有效执行的一种方式。于是,毕俊营给自己定下了在自己能力范围内能够做到的计划。他计划在每个周末看完一个章节的视频内容,同时在平时工作日的晚上看相关书籍的一到两章的内容。

3. 杜绝外部因素的影响

毕俊营了解到除自身的因素之外,还有许多外部因素也会影响到计划执行的效率。他经过认真考虑,觉得自己很难在学习的时候抵挡住手机的诱惑,因此他购买了一个可以定时锁住手机的工具,这可以使自己在一个小时或是更长的学习时间里忍住不碰手机。同时,毕俊营以前在周末经常会有各种聚会活动,为了能够有效地执行周末看完一个章节的视频内容的计划,毕俊营向朋友们打了招呼,尽量做到一个月只一到两次聚会,这样就有效避免了聚会占用计划的时间。

四、控 制

对于计划与实际执行情况之间存在的差异,毕俊营决定采用制作表格的方式来控制它。他先将计划要完成的事情和计划完成时间做成相应的表格,然后在执行计划的过程中,将实际完成该事情的具体时间写在事情对应的格子中,接着对比计划完成时间与实际完成时间。如果差异不是很大,则说明计划正在被有效地执行;若存在两个时间相差很大的情况,那么就需要引起注意,可能需要重新制订后续计划来最终实现目标。

五、复 盘

针对短期的计划情况,毕俊营决定在每个周日的晚上,对上一周的计划执行情况进行相应的复盘,对视频的观看量和书籍的阅读量及学到的知识进行总结,看是否达到了计划的数量以及自己是否掌握了相应的知识,同时分析是否存在一些因素影响到计划执行的效率,如果存在,那么如何在下一周执行计划的时候避免。针对长期的计划情况,毕俊营决定在视频课程结束和书籍阅读完成的时候,对它们进行相应的复盘,总结学习情况,对比自身职业进阶的具体情况,同时分析计划是否被有效地执行。

参考文献

[1]黄敏.计划管理在项目管理中的重要性分析[J].商讯,2019(15):138,140.

[2]李玉红.加强计划管理工作的重要性[J].现代经济信息,2019(20):69.

[3]喻晓.任正非中国企业家精神特质的案例研究[D].郑州:河南财经政法大学,2020.

[4]戴桂凤.浅谈进度计划的执行与控制[J].化工管理,2015(23):59.

推荐阅读资料

1. 卡罗尔·德韦克,《终身成长:重新定义成功的思维模式》,江西人民出版社,2017年

2. 陈海贤,《了不起的我》,台海出版社,2019年

3. 孙瑞希,《刻意成长》,中国友谊出版公司,2020年

4. 崔璀,《职场晋升101》,江苏凤凰文艺出版社,2022年

思考与练习

1. 回顾计划的重要性,结合自身情况,为自己制订一个5年职业进阶计划。

2. 思考在计划执行过程中会遇到哪些影响因素。列举你现在面对的问题,思考如何减少不利因素的影响。

3. 说说控制的类型及其特点,并举例说明实际工作中不同控制类型的应用。

4. 回顾职业进阶的整个过程,想一想我们应该从哪些方面进行复盘。